두 남자, 프랑스 요리로
말을 걸어오다

＊ 우리 부엌에서 즐기는 맛있는 프랑스 문화

두 남자, 프랑스 요리로 말을 걸어오다

뱅자맹 주아노·프랑크 라마슈 지음

한길사

두 남자,
프랑스 요리로 말을 걸어오다

지은이 ■ 벵자맹 주아노 · 프랑크 라마슈
펴낸이 ■ 김언호
펴낸곳 ■ (주)도서출판 한길사

등록 ■ 1976년 12월 24일 제74호
주소 ■ 413-756 경기도 파주시 교하읍 문발리 520-11
홈페이지 ■ www.hangilsa.co.kr E-mail ■ hangilsa@hangilsa.co.kr
전화 ■ 031-955-2000~3 팩스 ■ 031-955-2005

제1판 제1쇄 2004년 12월 24일
제1판 제3쇄 2010년 3월 10일

값 20,000원
ISBN 978-89-356-5628-8 03590

● 본문 및 표지 사진의 무단 전재 및 복제를 금합니다.
● 잘못 만들어진 책은 구입하신 서점에서 바꿔드립니다.

한국에 온 프랑스 남자 둘이
그리운 동네 식당 '비스트로'를 생각하며
소박한 음식과 정다운 추억을
담았습니다.

Origine et sujet de ce livre

서로 많이 다르지만 음식과 그것이 주는 기억을 사랑하는 프랑스 남자 둘이 이 책을 만들었다. 우리가 이 책을 만드는 내내 즐거웠던 것처럼 독자들이 가족과 친구들과 더불어 즐겁게 프랑스 음식과 문화를 만났으면 좋겠다.

프랑스 남자, 한국에 오다

내 고향은 대서양에 면한 프랑스 남서부 지방, 와인과 온화한 날씨로 유명한 도시 보르도다. 이 책의 레시피를 맡은 셰프 프랑크는 잔 다르크가 재판을 받고 화형에 처해진 프랑스 북부 노르망디의 루앙 출신이다. 같은 프랑스이기는 하지만 보르도와 노르망디는 서로 토양도 다르고, 기후도 다르고, 문화도 다르다. 노르망디는 강우량이 많고 초지가 풍부해, 목축업이 발달해서 음식에 크림과 버터를 많이 사용하지만, 보르도 사람들은 와인과 해산물, 거위기름을 즐겨 이용한다. 보르도는 '푸아그라', 즉 '거위간' 지역에 속한다.

우리는 생김새도 많이 다르다. 프랑크는 머나먼 스칸디나비아 조상에게서 물려받은 파란 눈에 금빛 머리, 나는 바스크 족 선조들과 같은 검은 피부에 머리도 눈동자도 갈색이다.

중세 보르도는 수백 년 간 영국의 지배를 받았다. 흔히 이 시기가 보르도 사람들에게 영향을 끼쳐 사람들의 기질이 차갑고 속물적이라는 평판을 듣기도 하는데 아이러니하게도 이런 평판은 전반적으로 프랑스 사람들이 영국 사람들에 대해 갖고 있는 편견이기도 하다. 우리 고향 사람들은 혈통상으로는 스페인 쪽에 가깝다. 옐로스톤

건축물과 로마 시대부터 정평이 난 와인으로 유명한 아름다운 도시 보르도에 오면 이미 프랑스 남부에 와 있다는 기분을 느낄 수 있다.

이렇게 고향도 음식문화도 생김새도 다른 두 명의 프랑스인이지만, 우리에게도 같은 것이 있다. 바로 식탁에서 얻는 즐거움이 얼마나 큰 것인지를 안다는 점, 그리고 그것을 한국의 많은 독자들과 나누고 싶다는 마음이 그것이다.

대학 강사로 일하며 한국에서 몇 년 동안 머물면서 나는 한국 사람들에게 프랑스 사람들의 삶을 음식을 통해 보여주고 싶은 마음이 들었다. 한국에서 머무는 시간이 오래될수록 이런 나의 마음은 점점 커졌고 한국에서 알게 된 친구 상준과 함께 오랜 꿈을 실현해보기로 마음을 먹었다. 그리고 드디어 서울에 프랑스 와인 바 겸 비스트로를 열어서 한국 사람들에게 프랑스 사람들이 즐겨 먹는 음식과 분위기를 보여줄 수 있게 되었다. 놀랍게도 기대했던 것보다 호응이 좋았다. 얼마 지나지 않아 우리는 프랑스 음식을 더 맛있게 만들 수 있는 요리사를 찾아야겠다고 생각했고, 세계 각지의 유명 셰프 밑에서 경험을 쌓은 프랑크가 합류했다.

그는 나처럼 활동적인 사람이며 항상 뭔가 새로운 것에 도전하는 걸 좋아했다. 오래 지나지 않아 우리는 뜻이 통했고 함께 마음먹은 것을 해보기로 결정했다. 그것은 바로 프랑스 음식에 대한 책을 쓰는 것이었다. 그동안 우리가 봐온, 한국 서점에 있는 프랑스 책들은 대부분 실망스러웠다. 그렇게 딱딱하고 외국책을 그냥 번역만 해놓은 듯한

책으로는 프랑스 음식과 문화를 제대로 알 수 없을 것 같았다.

우리는 '색깔'이 없는 퓨전 음식책이 아닌 프랑스 음식과 문화를 생생하게 접할 수 있는 그런 책을 만들고 싶었다. 음식을 만들고 먹으며 함께 하는 사람들과 더불어 나눌 수 있는 그 음식에 얽힌 즐거운 이야기를 전해주면 좋을 것 같았다. 사랑하는 이들과 함께 식사하는 자리에서는 즐거운 대화가 멋진 메뉴만큼 소중하다. 음식에 관심이 있는 한국 사람들이 프랑스 음식을 즐기며 자연스럽게 새로운 문화를 접하는 모습은 상상만으로도 행복했다.

가장 먼저 생각했던 것은 어떻게 하면 재미있게 프랑스 음식과 문화를 대할 수 있게 하느냐, 하는 것이었다.

알고 있는 것을 편안하게 이야기하는 것, 음식과 식사 시간에 얽힌 우리의 기억을 함께 나누는 것이 가장 좋겠다고 생각했다. 그래서 우리를 행복하게 해주었던 음식과 기억들을 이야기하기로 했다. 맛있는 음식이 사람을 행복하게 해준다는 것은 프랑스나 한국이나 마찬가지일 테니까.

우리는 프랑스에서 보냈던 어린 시절부터 떠올리며 음식과 더불어 행복했던 순간들을 하나하나 끄집어냈고, 그러다보니 따로 설명하지 않아도 자연스레 음식을 통해 프랑스 사람들이 어떻게 살아가는지 보여줄 수 있게 되었다.

다음으로는 어떤 음식이 좋을까, 하는 것이었다.

중요한 것은 손쉽게 할 수 있어야 한다는 것이었다. 한국에서 구하기 힘든 특별한 재료가 들어가는 음식은 제외했다. 가급적 오븐이 없어도 만들 수 있는 음식을 우선으로 골랐다. 프랑스의 비스트로 전통을 잘 나타내주면서도 한국 사람의 입맛에 맞는 음식이어야 한다는 것은 물론이었다. 레스토랑 경험과 수년 간 개발한 수백 종의 음식이 있었기 때문에 이 일은 우리에게 전혀 어렵지 않았다. 오히려 아주 즐거운 일이었다. 그렇게 프랑스 음식의 기본순서인 수프, 애피타이저와 샐러드, 메인 디시, 디저트까지 손쉽게 만들고 즐길 수 있는 요리들을 몇 가지씩 골랐다. 서로 잘 어울리는 것들이니 순서를 응용해서 프랑스식 풀코스 만찬을 다양하게 즐길 수 있을 것이다.

그렇게 함께 만들고 이야기를 나눌 음식들을 정하고 나니 욕심이 생겼다. 음식은 한 나라의 문화를 나타내는 중요한 수단이라는 것은 누구나 아는 말이다. 그래서 이 책을 읽는 한국의 독자들에게 다른 재미를 주고 싶었다. 그러다보니 프랑스 음식에는 어떤 문화적 배경이 있는지, 어떻게 먹는 것이 좋은지, 테이블은 어떻게 차리는 것이 좋은지, 와인은 어떻게 골라야 하는지, 음식접대는 어떻게 하는지 등등 하고 싶은 이야기가 자꾸만 꼬리를 물었다.

우리는 즐겁고 '살아 있는' 책을 만들고 싶었다. 대부분의 요리책에 소개된 음식 사진은 더할 나위 없이 '아름답다'. 유명한 스타일리스트들이 만들어 놓은 예쁘고 아름다운 음식 사진들. 그런데 보통 사람들이 만든 음식도 그런 모습일까. 아닌 것 같았다. 열심히 만들었는데 사진처럼 예쁘지 않다면 사람들은 실망하지 않을까.
그래서 우리는 지나치게 '예쁜' 사진은 찍지 않기로 했다. 그런 사진과 비교해보면 우리

책에 쓰인 사진은 소박하기 그지없다. 그렇지만 우리 사진은 설명해준 대로만 한다면 얼마든지 책에 나오는 것처럼 근사한 음식을 만들 수 있다는 자신감을 줄 수 있을 것이라고 생각한다.

서로 많이 다르지만 음식과 그것이 주는 기억을 사랑하는 프랑스 남자 둘이 이 책을 만들었다. 우리가 이 책을 만드는 내내 즐거웠던 것처럼 독자들도 가족, 친구들과 더불어 즐겁게 프랑스 음식과 문화를 만났으면 좋겠다.
친구 상준에게 마음으로 깊은 감사를 전한다. 그가 없었다면 르 생텍스도 없었을 것이다. 본문의 영어 번역과 감수를 해준 좋은 친구 피에르 오리와 한국말로 옮겨준 유소영 씨와 조영실 씨에게도 고마움을 전한다.
마지막 인사는 이게 어떨까.

"Bon appétit" (맛있게 식사하세요)

2004년 겨울
뱅자맹과 프랑크

두 남자, 프랑스 요리로 말을 걸어오다

006   프랑스 남자, 한국에 오다
018   이 책은 이렇게 보세요

1 프랑스 식탁에 오신 것을 환영합니다

022   쾌락을 위한 깐깐한 규칙 * 프랑스 식탁 예절의 시작
027   알고보면 간단한 프랑스 식사 에티켓 * 프랑스 식사의 순서와 예절
033   멋진 식사를 위한 첫걸음 * 테이블 세팅의 모든 것
040   바게트가 밥이냐구요? * 프랑스 음식에 관한 오해와 편견
045   감각의 제국, 와인의 세계 * 와인 제대로 즐기기
052   너무나 프랑스적인 공간, 비스트로 * 길모퉁이에서 만나는 프랑스식 사랑방

2 이야기로 만나는 프랑스 음식

수프

058   화려한 물랭 루주가 새벽시장과 만날 때
      양파 수프 *Soupe à l'oignon*
      비스트로 전통의 대표적인 수프로서 간단한 요깃거리는 물론 숙취 해소에도 좋다.
      양파와 닭고기 육수에서 우러나는 소박하고 깊은 맛이 일품이다.

064 　추억과 더불어 먹는 소박한 수프 한 그릇
　　　전통식 야채 수프 *Soupe de légumes paysanne*
　　　프랑스의 모든 가정에서 먹는 기본적인 수프. 요리방법이 간단해서 초보자도 쉽게 만들 수 있다.

070 　수프 한 접시에 담긴 프로방스
　　　마르세유식 생선 수프 *Soupe de poisson marseillaise*
　　　프랑스 남부의 해안 도시 마르세유에서 유명한 생선 수프로 부야베스의 원조 레시피다.
　　　영양이 풍부하고 건강에 좋다.

애피타이저와 샐러드

080 　밤의 문을 여는 아페리티프 전통
　　　타르틴 *Tartines*
　　　피망절임과 토마토 잼을 올린 토스트. 식사 전 아페리티프에 곁들이는 안주나
　　　애피타이저로 그만이며 파티용 간식으로도 훌륭하다.

086 　리옹에서 만나는 부숑과 보졸레 와인
　　　리옹식 감자와 소시지 샐러드 *Salade lyonnaise*
　　　반찬이나 피크닉 도시락으로 좋은 샐러드.
　　　감자와 소시지 외에도 좋아하는 재료를 자유로이 섞을 수 있다.

092 　일요일 아침처럼 느긋한 음식
　　　치즈와 시금치를 곁들인 달걀 *Oeufs capucine*
　　　늦게 일어난 휴일, 가족의 브런치로 적당하다.
　　　신선한 시금치와 달걀이 생기를 불어넣어줄 것이다.

메인 디시

102 프랑스 음식의 '밑바탕'

쇠고기 스튜, 포토피 *Pot au feu*

쇠고기와 야채를 오랜 시간 한데 끓인 것으로, 육수의 깊은 맛이 그만이다.
겨울에 온 가족이 둘러앉아 먹기에 좋은 스튜.

110 몽고의 대초원에서 파리의 밤으로

프랑스식 육회, 타르타르 스테이크 *Steak tartare*

다진 쇠고기를 양념해서 감자 그라탕과 함께 먹는다.
몽고에서 전해진 음식으로 그 맛이 각별하다.

116 동양과 서양의 만남, 프랑스 카페

통후추 소스 등심 스테이크 *Entrecôte au poivre*

비스트로의 대표적인 스테이크 메뉴. 쇠고기를 좋아하는 사람이라면
누구든지 맛있게 먹을 수 있다. 삶은 당근, 감자, 완두콩과 함께 내놓는다.

126 유럽의 이방인, 바스크 족 전통의 맛

바스크식 닭고기 스튜 *Poulet basquaise*

프랑스 남서부에 위치한 바스크 지방의 닭고기 스튜로 한국인의 입맛에도 잘 맞는다.
쌀이나 감자를 곁들여 먹으며, 차게 먹어도 좋다.

132 음식, 문화를 말하다

오렌지맛 오리 구이 *Canard à l'orange*

오렌지즙을 발라 구운 오리고기. 매우 세련된 요리로, 포테이토칩을 곁들여 먹는다.

138   모든 이에게 닭고기 스튜를 먹게 하라

         와인 소스 닭고기 스튜 *Coq au vin*

         프랑스의 가장 유명한 닭고기 스튜 중 하나로 조리방법이 간단하다.
         긴긴 겨울밤 영양보충에 좋다.

146   당신은 버터파입니까, 오일파입니까?

         사과 크림 소스 돼지갈비 *Porc vallée d'Auge*

         사과와 크림을 곁들인 돼지갈비 구이. 프랑스 북부 노르망디 지방에서 즐기는 요리로
         주로 설탕에 조린 사과와 함께 내지만 삶은 감자를 곁들이기도 한다.

154   금요일의 생선, 여름의 추억

         버터 소스 가자미 구이 *Sole au beurre blanc*

         수많은 레스토랑에서 볼 수 있는 대표적인 생선 요리로 생선의 종류나 소스를 입맛에 맞게 바꿀 수 있다.

160   역사의 모든 현장에는 음식이 있다

         홍합찜과 프렌치 프라이 *Moules-frites*

         화이트 와인과 크림 소스로 조린 홍합과 프렌치 프라이. 프랑스 북동부의 릴 지방과
         벨기에에서 매우 대중적인 음식으로 만들기 쉽고 저렴하다.

166   대서양에서 보내는 여름 휴가

         마늘과 함께 구운 새우 *Crevettes sautées à l'ail*

         프로방스의 대표적 요리 중 하나로 한 끼 식사로 좋다. 가니시로 곁들이는 속을 채운 홍피망찜을
         만드는 방법을 알아두면 요긴하게 활용할 수 있다.

디저트

178 시간을 뛰어넘는 향기의 힘

프렌치 토스트 *Pain perdu*

냉장고에 아무것도 없는데 갑자기 아이들이 배고픈 친구들을 데리고 집에 들이닥쳤을 때
급히 해줄 수 있는 훌륭한 디저트.

184 달콤한 초콜릿의 역사

초콜릿 무스 *Mousse au chocolat*

프랑스의 대표적인 디저트로 초콜릿을 좋아하는 사람에게는 최고의 달콤함을 맛보게 해줄 것이다.

190 아픈 아이의 오후 디저트

우유 쌀 푸딩 *Riz au lait*

우유와 쌀이 부드럽게 어우러진 맛이 일품이다. 프랑스뿐만 아니라
한국 사람의 입맛에도 잘 맞는 디저트.

196 식탁 위의 빛과 번영의 상징

크레프 *Crêpes*

유명한 프랑스식 팬케이크로, 다양하게 조리할 수 있고 어떤 자리에나 잘 어울리니
꼭 배워둘 것을 권한다. 디저트나 간식으로 적당하지만, 파티 음식으로도 훌륭하다.

3 알아두면 요리가 쉬워져요

- 208 기본 도구와 재료
- 211 부피와 무게 차트
- 212 재료는 어디에서 살 수 있을까?
- 214 낯선 단어 찾아보기
- 223 책에 나오는 음식 한눈에 보기
- 228 프랑스 지도

이 책은 이렇게 보세요

* 모든 음식에는 그것을 언제 누구와 먹었느냐, 하는 기억과 추억이 함께 따라오게 마련이고, 거기에는 그 나라의 다양한 문화가 배어 있다. 다시 말해 음식은 단순히 배를 채우고 육체의 에너지원 기능을 하는 것뿐만 아니라, 한 문화가 자신의 가치관을 표현하고 그것을 다른 문화와 나누기 위해 발전시킨 문화적 산물이다. 그렇기 때문에 한 나라의 문화와 그 요리는 서로 밀접한 관계가 있다.

    프랑스 음식도 마찬가지이다. 음식에 얽힌 추억을 살피다보면 그것에 담겨 있는 프랑스의 문화도 엿볼 수 있다. 앞에서도 말했지만 나는 이런 프랑스의 음식과 음식문화를 쉽게 한국의 독자들에게 알려주고 싶었다. 그래서 이 책은 프랑스 음식과 음식문화를 함께 이야기한다.

    이 책은 크게 세 부분으로 나뉘어 있다.

01 첫 번째 장은 프랑스 음식문화에 대한 일반적인, 그렇지만 제대로 프랑스 음식문화를 즐기기 위해서는 꼭 알아야 하는 내용을 담고 있다.

프랑스와 프랑스 음식문화를 알기 위해서는 단순히 요리를 어떻게 만드는지를 아는 것만으로는 부족하다. 어떻게 먹는지도 알아야 한다. 이를 위해 프랑스 식탁 문화의 간략한 역사, 복잡해보이지만 알고보면 간단한 식사 에티켓, 식탁 차리는 방법, 한국사람들이 흔히 갖고 있는 프랑스 음식문화에 대한 잘못된 상식이나 실수, 한국 사람들이 좋아하는 와인 제대로 마시고 즐기는 방법, 프랑스 음식문화의 상징인 비스트로 등을 소개했다. 읽어보면 단순하지만, 별것도 아닌 것 때문에 당황하는 경우가 종종 있는 법이다. 프랑스 가정이나 레스토랑에서 프랑스 사람들을 놀라게 하는 잘못된 습관이 어떤 것인지도 알게 될 것이다.

02 두 번째 장에서는 스무 가지의 요리를 소개하고 있다.

스무 가지의 요리마다 프랑스 사람들이 이 음식을 어떻게 먹고 즐기는지에 대한 글이 있고, 훌륭한 요리사가 만드는 레시피가 안내되어 있다. 이 글과 레시피를 보면 독자들은 쉽고 재미있게 요리를 즐길 수 있을 것이다. 소개된 음식은 대부분 비스트로의 유명한 가정식 음식이다.

요리법을 알려주는 페이지는 좀더 여러 부분으로 나뉘어 있다.

우선 요리 선택을 돕기 위해 레시피의 첫머리는 짧은 설명으로 시작된다. 이 설명을 보면 어떤 때 어떤 음식을 준비하는 것이 좋은지 알 수 있을 것이다.

레시피에는 요리를 만드는 과정과 주요 단계의 사진, 필요한 도구 및 재료를 상세히 적어두었고, 시간과 비용, 난이도를 가늠할 수 있는 팁도 마련해두었다. 쉬운 것부터 어려운 것까지 세 단계로 구분했다.

03

마지막 장은 그야말로 부록이다. 그동안 프랑스 음식을 많이 접해보지 못한 독자들을 위해 길잡이가 될 수 있는 몇 가지 내용을 덧붙였다.

우선 기본적으로 쓰이는 도구와 재료에 대한 설명을 해두었고, 본문에서 사용되는 각 재료들의 부피와 무게를 가늠할 수 있도록 '부피와 무게 차트'를 만들었다. 그리고 이 책에 나오는 음식을 만들기 위한 재료는 어디에서 살 수 있는지, 이름이 낯선 재료들에 대한 간단한 설명을 정리해두었다.

한국의 부엌에서 프랑스 음식을 만들기 위해 필요한 것을 가능한 꼼꼼하게 담고자 했다.

* 요리를 시작하기 전에는 항상 몇 가지 확인해두는 것이 좋다. 먼저 레시피를 꼼꼼하게 읽고, 필요한 것은 다 준비했는지, 요리과정을 다 이해했는지 확인한다. 이미 크림이 끓고 있을 때는 후회해도 너무 늦다. 시작 전에 요리시간도 확인한다. 레시피에 뭉근한 불에 4시간 동안 푹 끓이라고 되어 있는데 저녁 준비를 6시에 시작할 수는 없는 노릇이다. 조리대 옆에는 책도 미리 펼쳐두자.

필요한 재료는 소스, 가니시, 메인 디시 등 종류별로 모아놓는다. 텔레비전 요리 프로그램처럼 미리 무게를 달아서 필요한 양만큼 컵이나 접시에 덜어놓는 것도 요리 도중에 서두르지 않아도 되니까 좋은 방법이다. 물론 설거지거리는 늘어나겠지만.

요리도구를 미리 준비하는 것은 물론이고, 모든 야채와 재료를 손질해두면 편하다. 냉동재료는 요리를 시작하기 전에 적정한 온도로 미리 녹여둔다.

요리순서와 분량은 그대로 지키는 것이 맛있는 음식을 만드는 좋은 방법이다. 레시피에 제시된 것보다 더 많은 분량을 요리할 때는 '모든' 재료의 양을 그냥 두 배로 늘리면 된다.

요리 중간중간에 맛을 보되, 소금과 후추는 마지막에 넣도록 한다. 끓이거나 졸이고 나면 소금과 후추도 농축되게 마련이다. 요리 중에 넣어버리면 나중에 후회해도 어쩔 도리가 없다. 그러니 꼭 참았다가 요리가 끝난 뒤에 넣자.

프랑스 음식은 대단히 창조적이다. 그러니 독자 여러분도 상상력을 발휘하면 흥미로운 프랑스 음식을 만들게 될 것이다. 무엇보다도 요리와 식사는 사랑하는 사람들과 나누는 즐거움이 되어야 한다는 사실을 기억하자.

자, 이제 다 잊고 그냥 즐기자. 전화는 끄고, 멋진 음악을 틀고, 즐겁게 요리하자!

사람들이 삶의 육체적, 물질적인 즐거움에 눈을 떠가면서

식도락과 같은 즉물적 쾌락도 지적 연구의 대상이 되었다.

식사 시간은 정련된 취향과 예술의 수준으로 끌어올린 음식으로

미각을 충족시키고, 마음 맞는 사람들과 나누는 점잖고

때론 은밀한 대화를 통해 영혼을 채우는 시간이 되었다.

프랑스 식탁에 오신 것을 환영합니다

1

Bienvenue dans la cuisine française

현대 프랑스인의 예절 뒤에는 사랑과 음식의 만남, 유혹과 대화의 만남, 육체와 정신의 만남이 숨어 있으며 완벽하고 균형 잡힌 인간성이라는 숭고한 이상은, 우리가 식사를 함께 즐기는 방식 속에 오늘날까지 깃들어 있다.

쾌락을 위한 깐깐한 규칙
프랑스 식탁 예절의 시작

프랑스 음식, 하면 많은 사람들이 복잡하다는 생각을 먼저 떠올린다. 프랑스의 테이블 매너, 즉 식탁 예절이 다른 문화권의 사람들에겐 상당히 수수께끼 같고 복잡해보이는 탓이다. 프랑스 식탁 예절은 그 자체가 오랜 역사를 지니고 있고, 프랑스 문화와 사회의 특별한 개념과 밀접하게 연관되어 있다.

그렇지만 뭐든지 막상 알고나면 그리 복잡하지도 어렵지도 않듯이 프랑스 식탁 예절의 기원 역시 잘 알아두면 좀더 재미있게 음식을 즐길 수 있다.

르네상스와 프랑스 식탁 예절

중세 말까지만 하더라도 프랑스에는 사실상 식탁 예절이라는 것이 존재하지 않았다. '테이블' 조차 변변치 않았다. 테이블이란 그저 귀족들이 여행을 다니거나 파티를 열 때마다 성에서 성으로, 방에서 방으로 옮겨쓰던 버팀목 위에 나무판자만 하나 올려놓은 것에 불과했다. 식단도 단순하기 그지없었다. 야채는 거의 올라오지 않았고 조리법 따위도 없이 그냥 구운 고기만 잔뜩 내놓는 것이 대부분이었다. 식사 도구도 당연히 없었다. 그냥 손가락과 칼을 사용해서 먹을 뿐이었다.

그러다가 16세기 초 프랑스에 르네상스 시대가 열리면서 변화가 시작되었다. 프랑스 르네상스의 아버지로 불리는 프랑수아 1세의 전쟁 이후 귀족 계급은 좀더 세련된 사교계를 원했고, 마침 르네상스가 일찍 시작된 이탈리아에서 들어온 우아한 문화의 영향을 받은 여성들이 향수나 의복 등을 비롯한 다양한 관습을 도입하기 시작했다. 이때 식탁 예절이 함께 들어왔다.

르네상스는 미술을 비롯한 예술에 많은 변화를 가져왔는데 변한 건 비단 예술만이 아니다. 여러 사람들이 함께 식사를 하는 자리에도 영향을 미쳤다.

이때부터 테이블은 가구의 한 종류가 되었고, 장식이 많고 반짝반짝 광택이 나는 접시, 얇은 유리잔, 실버웨어 등이 식탁 위에 올라오기 시작했다.

궁정에서는 이탈리아에서 '발명한' 푸르셰트(fourchette: 프랑스 어로 '작은 포크'를 뜻하는데 처음에는 두 갈래로 갈라져 있었다)로 접시에 놓인 음식을 찍어 입에 가져가기 시작했다. 음식을 향해 몸을 기울이지 않고, 음식을 입으로 가져오게 된 것이다. 푸르셰트는 이후 프랑스 문화혁명의 상징이 되었다. 이때부터 식탁에서는 허리를 꼿꼿하게 펴고 앉게 되었고, 이로 인해 많은 것이 바뀌었다. 비로소 식탁의 즐거움이 규칙화되기 시작한 것이다.

르네상스는 인간관계에 대한 인식에도 변화를 가져왔다. 육체와 영혼을 동시에 가꾸어야 한다는 저 유명한 'mens sana in corpore sano'(건강한 몸에 건전한 정신이 깃든다)라는 말이 이 시대의 키워드가 되었다. 그리하여 이제 식사는 단순한 생물학적인 욕구 충족을 넘어 머리로 즐기는 시간이 되었다. 잘 교육 받은 숙녀들은 식사 시간에 세련된 대화와 예법을 이끌었으며, 남자들은 숙녀를 기쁘게 하기 위해 이를 따르게 되었다.

영혼을 나누는 식사 시간

17세기에 들어서자, 재치 넘치고 세련된 귀부인들은 이런 문화를 정점으로 끌어올렸다. 이 품위 있는 여인들은 과거의 투박한 예법에 반기를 들고, 유명한 살롱 문화를 통해 사회생활의 모든 부분을 양식화하려고 노력했다. 이는 귀족 계급뿐만 아니라 부르주아지 계급에서도 마찬가지였다.

푸르셰트가 식탁에 올라오면서 음식을 향해

몸을 기울이지 않고, 입으로 음식을 가져오게 되었다.

이때부터 테이블에서는 허리를 꼿꼿하게 펴고 앉게 되었고,

이로 인해 많은 것이 바뀌었다.

비로소 식탁의 즐거움이 규칙화되기 시작한 것이다.

한편 극도로 정교한 궁정 에티켓을 받아들인 루이 14세의 식탁은 최고의 음식과 와인의 향연이었다. 요리사는 왕의 신임을 얻기 위해 지상에서 가장 훌륭하고 섬세한 음식을 올리려고 갖은 노력을 다했다.

이렇듯 사람들이 삶의 육체적, 물질적인 즐거움에 눈을 떠가면서 식도락과 같은 즉물적 쾌락도 지적 연구의 대상이 되었다. 이제 식사 시간은 정련된 취향과 예술의 수준으로 끌어올린 음식으로 미각을 충족시키고, 마음 맞는 사람들과 나누는 점잖은 때론 은밀한 대화를 통해 영혼을 채우는 시간이 되었다.

쾌락을 위한 깐깐한 규칙

귀족 계급의 이러한 식탁 예절은 천천히 사회 전체로 퍼져나갔고, 1789년 프랑스 대혁명과 함께 새로운 지배 계급으로 등장한 부르주아지 층은 극도로 양식화된 삶의 방식을 고스란히 물려받았다. 이제 식탁은 식사만을 위해 따로 마련된 방, 식당의 주된 가구가 되었고, '현대' 프랑스 요리의 규칙을 정립한 유명 셰프의 시대인 이 시기에 셰프들이 쓴 책은 모든 가정의 식탁에 놓이게 되었다. 그리고 19세기에 들어서자 코스의 숫자, 요리의 순서, 해야 할 것과 하지 말아야 할 것, 포크, 나이프, 스푼 등과 컵의 숫자 및 세팅 등 모든 복잡한 에티켓이 완전히 정립되었다.

프랑스 식탁 예절은 단순히 까다로운 규칙만을 의미하지는 않는다. 복잡해보이는 식탁 예절의 장치를 세세하게 알아두는 것도 중요하지만 무엇보다 이런 엄격한 장치 뒤에 있는 프랑스 음식문화의 정신을 음미하는 태도가 필요하다.

프랑스 식탁 예절은 인간관계와 삶에 있어서 그들이 추구하는 이상을 담은 문화부흥에서 비롯되었다. 현대 프랑스인의 예절 뒤에는 사랑과 음식의 만남, 유혹과 대화의 만남, 육체와 정신의 만남이 숨어 있으며 완벽하고 균형 잡힌 인간성이라는 숭고한 이상은, 우리가 식사를 함께 즐기는 방식 속에 오늘날까지 깃들어 있다. 엄격한 규칙이 있을 때 쾌락은 더 강해지고 깊은 맛으로 숙성하는 법이다.

알고보면 간단한 프랑스 식사 에티켓
프랑스 식사의 순서와 예절

세계 어느 곳이나 마찬가지만 프랑스 역시 식탁 예절을 아우르는 수많은 규칙이 있다. 그런데 유난히 많은 사람들이 프랑스 음식 앞에서는 한층 더 긴장하는 것 같다.

프랑스 음식을 어떻게 먹는지 몰라서 실수를 할까봐 즐거워야 할 식사 시간을 오히려 불편해하는 사람들이 종종 있다. 여러 가지 코스와 수많은 포크, 나이프, 스푼, 잔 등으로 구성되는 복잡한 프랑스식 정찬을 접할 때면 솔직히 당황스러운 것이 사실이다. 하지만 그런 경우는 특별한 연회석이나 미식가를 위한 레스토랑 정도에서나 볼 수 있는 정도이며 보통의 경우는 그렇게 복잡하지 않다. 그리고 몇 가지 기본 법칙과 관습만 이해하면 프랑스 식탁 예절이 어렵지만은 않다는 것도 알 수 있다.

아페리티프에서 디저트까지, 알아두면 편리한 기본순서

프랑스식 식사에는 규칙과 정해진 순서가 있지만, 코스의 순서는 상황에 따라 달라질 수 있다.

맨 처음은 아페리티프 apéritif로 시작된다. 아페리티프는 보통 식탁에 앉기 전에 가벼운 요깃거리와 함께 마시는 술인데 뒤에 자세한 설명이 나온다(81쪽 참조). 아페리티프를 마시고 나면 애피타이저 appetizer가 나온다. 이제부터 식사가 시작된다고 할 수 있다. 보통 수프나 샐러드가 나오는데, 겨울에는 프랑스 사람들이 뜨거운 수프를 즐겨먹기 때문에 대부분 수프가 나오고 여름이나 그밖의 계절에는 샐러드가 나온다.

샐러드 이야기가 나왔으니 한마디만 하고 가자. 샐러드는 일단 섞어야 한다. 다양한 재료의 맛과 씹히는 질감이 입 안에서 서로 섞일 때 샐러드의 진정한 맛을 느낄 수 있는 것이다. 다시말해 따로따로 한 가지씩 먹지말고 한 번에 여러 재료를 한꺼번에 먹는 것이 샐러드를 '제대로' 먹는 것이다. 물론 메인 요리도 마찬가지다. 고기와 가니시, 소스를 적당하게 섞어서 먹는 것이 좋다. 여러 가지 재료가 혀 위에서 서로 만날 때 그 요리의 참맛이 모습을 드러낸다.

수프가 나오면 차려진 것 중 가장 큰 스푼을 사용하면 되고, 샐러드가 나오면 바깥쪽에 놓인 약간 작은 포크와 나이프를 사용한다. 애피타이저가 개인접시에 따로 나오지 않을 때는 앞쪽에 놓인 작은 접시를 사용하되, 음식이 담긴 큰 접시나 보울이 사람들 손을 거쳐 내 자리로 올 때까지 기다리면 된다. 언제나 여성에게 먼저 음식이 가도록 배려하고, 음식을 받으면 접시는 왼쪽 편에 놓는다. 음식은 항상 왼쪽에, 와인은 오른쪽에 놓는다는 것을 기억하자.

애피타이저 한두 코스를 거치고 나면 메인 요리가 나온다. 주로 고기나 생선인 메인 요리에는 항상 가니시가 곁들여진다. 프랑스 음식에서 가니시는 단순한 장식이 아니라 그것 자체가 요리의 일부분이기 때문에 음식과 잘 어울려야 한다. 한국인처럼 프랑스인도 수없이 다양한 재료, 특히 야채를 즐긴다. 따라서 가니시의 종류는 그냥 데친 채소에서부터 파스타, 밥, 파이, 기타 복잡한 조리과정을 거친 것 등 수백 가지도 넘는다.

메인 코스에서는 큰 포크와 나이프를 사용하는데, 접시 가장 바깥쪽에 놓인 것부터 안쪽에 놓인 순서대로 차례로 사용하면 된다. 육류와 생선이 함께 나온다면 생선용과 육류용 포크와 나이프가 어떻게 다른지 차이점을 알 수 있을 것이다. 해산물과 생선용은 육류용보다 좀더 둥글고 짤막하다.

얼마나 격식을 차려야 하는 자리냐에 따라 식욕을 돋우기 위해 메인 코스 사이에 휴식시간을 잠깐 가지는 경우도 있다. 이때는 가벼운 셔벗이 나온다. 셔벗은 먼저 먹은 요리의 남은 맛을 지우고 새로운 요리의 맛을 즐길 수 있게 해준다.

그런 다음에는 치즈가 나온다. 공통접시에 담아 내놓고 손님들이 직접 잘라먹을 수 있게 하는 것이 보통이다. 그런데 치즈는 모양이 가지각색이기 때문에 어떻게 잘라야 하는지 애매한 경우가 있다. 이럴 때는 한 가지 법칙만 지키면 된다. 마지막 사람에게 치즈껍질만 남는 경우가 없도록 적당한 양을 자르는 것이다.
접시 위에는 항상 치즈 나이프가 같이 나온다. 먹을 만큼 잘라 가져온 후 공통접시를 왼쪽에 앉은 사람에게 넘겨준다. 치즈는 따로 먹기도 하지만 보통 그린 샐러드와 빵과 함께 먹는다. 치즈를 토스트처럼 빵 위에 펴바르지 말고 그냥 덩어리째 위에 올려놓고 부드럽게 입 안에 넣을 것. 가끔 접시 반대편 유리잔 근처에 치즈용으로 작은 포크와 나이프가 나오는 경우도 있다. 이것은 디저트용으로도 쓰인다.

이제 디저트다. 디저트는 마지막으로 나오는데 보통 잠시 쉰다. 이때 와인을 바꾸고 담배를 피울 수 있다. 디저트에 따라 작은 스푼을 사용할 수도 있고 치즈용으로 나왔던 작은 나이프와 포크를 사용할 수도 있다.
디저트까지 다 먹고나면 보통 차나 커피, 허브티가 나온다. 차는 좀더 편안한 분위기의 다른 방에서 마실 수도 있다. 주인은 시가를 권하거나 오래 묵은 디제스티프 digestif를 가져온다. 디제스티프란 소화를 돕는 술로서 보통 도수가 아주 높다. 코냑, 아르마냑, 칼바도스, 오드비 등등 종류는 끝이 없다.

프랑스 식탁에서 지켜야 할 몇 가지 에티켓
그렇다면 식사를 할 때 지켜야할 예절로는 어떤 것들이 있을까. 집으로 초대를 받았거나 식당에서 함께 식사를 할 때 역시 몇 가지 정도는 알아두는 것이 서로에게 실례가 되지 않는다.

집으로의 초대는 누가 초대를 했느냐에 따라서 조금 다르다. 초대를 받은 자리가 허물없는 자리일 수도 있고 격식을 갖춰야 하는 자리일 수도 있다. 옷은 분위기에 따라 갖춰 입도록 하고, 한국과 마찬가지로 집주인에게 뭔가 가지고 가는 것이 예의다. 와인 한 병도 좋고 꽃다발도 좋다. 빈손으로 찾아가는 것은 무례한 일이다.
그렇다고 따로 음식을 가져가는 것은 실례다. 손님맞이를 하느라 안주인이 하루 종일 음식을 준비했을 텐데, 손님이 음식을 가져가면 안주인의 노력은 빛이 바래고 만다. 물론 미리 음식을 좀 가져가는 게 어떨까 하고 물어보는 것은 상관없다. 요즘은 손님들이 디저트 같은 먹을거리를 가져가는 일도 흔하긴 하다. 편한 자리라면 그쪽에서 먼저 샐러드나 이러저러한 음식을 가져오라고 부탁하는 경우도 있을 것이다.

식사가 시작되기 전에 손님은 우선 아페리티프를 마신 후 바깥주인이 식탁으로 안내할 때까지 기다리다가 안주인이 지정해주는 자리에 앉는다. 식사가 시작되면 '레이디 퍼스트'를 잊지 말자. 프랑스에서는 계단을 오를 때, 차에 탈 때, 문을 지나갈 때, 음식을 접대할 때 등등 모든 것이 여자 먼저다. 연상의 남자나 아주 중요한 손님이 있을 때 순서를 양보하는 경우도 있지만, 이런 양보는 여자 쪽에서 할 수 있는 것이지 남자 쪽에서 하는 것은 아니다.
그리고 음식이 나왔을 때 가장 먼저 음식맛을 보는 것은 안주인이다. 그러니 안주인보다 먼저 음식에 손을 대지 않도록 하자. 안주인이 덜어먹을 음식 그릇을 건네주면 돌아가면서 음식을 덜고, 자리에 앉은 모든 사람들이 다 음식을 덜었을 때 함께 식사를 시작한다.
그럼, 음식은 얼마나 먹어야 하는 걸까. 그릇이 어느 정도 비면 안주인이 더 먹으라고 권하게 마련이다. 그럴 때는 보통 한 번 정도 더 먹는 것이 예의이고, 다시 권하면 다음 음식을 위해 그만 먹겠다고 가볍게 사양하는 것이 좋다. 권하는 대로 다 먹으면 다음 음식을 맛보지 못하는 것은 물론이다.
한국에서는 접시에 덜어놓은 음식을 남기지 않고 다 먹어야 한다고 생각하지만 프랑스에서는 약간 까다롭다. 많이 남기면 안주인은 음식이 마음에 들지 않았다고 생각할 것이고, 다 먹어버리면 어지간히 시장했나보다 생각할 테니까. 보통은 접시 가장자리에 약간 남겨놓는 것이 최선이다.

식당에서 식사를 하게 되는 경우도 크게 다르지 않다. 요리에 익숙하지 않다고 해서 메뉴판 보기를 겁낼 필요는 없다. 잘 모른다고 이야기하면 프랑스 친구나 웨이터가 기꺼이 도와줄 것이다. 게다가 이제 기본 순서를 알아두었으니 별다른 어려움은 없을 것이다. 프랑스에서는 세트 메뉴를 그냥 메뉴라고 부른다. 따라서 메뉴판에 그런 '메뉴'가 있으면 적어도 뭘 시켜야 할지 고민할 필요는 없다. 이런 경우는 보통 코스로 나온다. 물론 항상 그런 것은 아니니 잘 모를 때는 물어보는 게 좋다.
보통 자동적으로 애피타이저에서부터 디저트까지 나오는 한국식 레스토랑과 달리 프랑스 식당에서는 메인 요리만 따로 주문하면 수프와 디저트 없이 그냥 요리에 가니시만 곁들여 나오므로 주의하도록 하고 디저트는 흔히 먹는 음료수나 커피가 아닌 단 음식으로 나온다는 사실도 잊지 않도록 하자.

그럴 일이야 없겠지만 혹시라도 프랑스 레스토랑에 가서 메인 요리 하나를 여러 사람이 나눠먹는 것은 피해야 할 일이다. 그다지 배가 고프지 않을 때 애피타이저나 디저트를 그렇게 먹는 거라면 이해가 되지만 메인 요리를 여럿이 나눠먹는 것은 눈총을 받는 지름길이다.
그리고 좋은 와인이 있어도 식당에 따로 들고가는 것은 피해야 한다. 꼭 그러고 싶다면 미리 주인의 허락을 얻어야 하고, 이럴 경우에는 마개를 뽑아주는 수고를 계산하겠다고 하면 그 집 나름의 요금만 받고 병을 따주기도 한다.
테이블에는 항상 소금과 후추가 놓여 있다. 재료 고유의 맛을 살리고 손님이 자기 입맛에 직접 맞출 수 있도록 요리에 간을 전혀 하지 않는 셰프도 있다. 그러니 맛이 심심하다고 항의하지 말고 자유롭게 뿌리시도록. 특히 소금은 재료 고유의 맛을 내는 엔진과도 같다. 살짝만 뿌려도 맛이 살아날 것이다.
프랑스 레스토랑이나 카페에서 음식값을 계산할 때는 식탁에서 하는 것이 일반적이고, 식사가 끝나면 서비스가 아주 형편없지만 않았다면 식탁 위에 보통 음식값의 10퍼센트 정도의 웨이터 팁을 남겨놓는 '아주 나쁜 습관'을 따라야 한다. 이런 습관을 정당화할 수 있는 이유는 전혀 없지만, 로마에 가면 로마의 법을 따라야 하듯 어디서나 모든 사람이 그렇게 하고 있으니까 할 수 없는 일이다.

식사를 할 때 알아두면 좋은 기본적인 예의로는 또 어떤 것이 있을까. 나라마다 다르겠지만 프랑스에서는 의자에 앉아 있을 때 허리를 곧게 펴고 손목을 테이블 가장자리에 올려놓는 것이 예의다. 손을 테이블 아래 내려놓는 것, 팔 전체나 팔꿈치를 테이블 위에 올려놓는 것은 예의에 어긋난다.
포크와 나이프를 쓰는 데도 규칙이 있다. 음식을 자를 때는 포크와 나이프를 둘 다 사용하되, 음식을 입에 가져갈 때는 포크만 사용하며 이때 포크로 이를 건드리지 말아야 한다. 우리 어머니가 항상 말씀하셨듯이, '입으로 들어가는 건 음식이지 포크가 아니기' 때문이다. 그리고 음식을 먹을 때는 입을 다문 채로 씹어야 한다. 그렇다고 해서 너무 뻣뻣하게 굳어 있을 필요는 없다. 입에서는 절대 소리를 내지 않는 것이 프랑스의 식사 예절이라는 것만 알아두자.
식사를 마치면 포크와 나이프는 접시 한쪽 편에 같이 올려놓는다. 식사를 끝냈다는 신호다. 냅킨도 마찬가지로 식사 중에는 무릎 위에 펼쳐놓았다가 다 먹은 뒤에 테이블 위에 올려놓으면 식사가 끝났다는 신호가 된다.

이제 식사를 마쳤으니 휴식을 취하거나 잠깐 산책을 할 시간이다. 익숙하지 않은 사람에게 프랑스 식사는 처음에는 낯설고 부자연스러울 것이다. 10년 전 한국에 처음 왔을 때 내게도 한국 음식과 먹는 법 등은 아주 낯설었다. 그렇지만 새로운 것을 대할 때의 그 생소한 느낌을 오히려 즐기고 자주 먹다보니 이제는 아주 익숙해졌다. 프랑스 음식도 마찬가지다. 처음의 낯선 느낌을 잘 받아들이면 어느새 까다롭다는 프랑스식 식사를 즐기고 있는 자신을 발견할 수 있을 것이다.

멋진 식사를 위한 첫걸음
테이블 세팅의 모든 것

음식은 누군가와 더불어 먹을 때 한층 더 즐겁고 맛있다. 정성껏 음식을 만들고 좋은 사람들과 함께 즐기는 것은 행복하고 유쾌한 일이다. 이럴 때 음식만이 아닌 다른 요소들에 조금만 신경을 쓴다면 그 기쁨은 훨씬 커지게 마련이다. 다양하고 맛있는 음식, 함께 하는 사람, 조명과 음악, 멋진 테이블 웨어 등등.
테이블을 어떻게 차리는가에 따라 그날의 식사 분위기가 결정된다. 무엇보다 테이블은 친구와 가족, 또는 동료나 연인들과의 대화나 토론을 즐겁게 나누는 공간이기 때문에 앉은 사람들의 마음을 편하게 하는 것이 가장 중요하다.

테이블의 기본은 물론 세팅이다. 멋진 테이블 세팅은 취향에 따라 달라지기는 하지만 몇 가지 꼭 지켜야 할 규칙이 있다. 특히 프랑스 식탁에서 접시와 잔, 스푼, 포크, 나이프 등의 위치는 정해진 규칙을 엄격하게 따른다.

접시 세팅은 이렇게

접시를 먼저 살펴보자. 예전에는 접시가 주로 질그릇이나 금속류였지만 요즘은 파이앙스(faience: 주로 프랑스식 채색 도기를 말하며 17~18세기에 많이 제작되었다), 자기 등 다양한 재료로 만든 것이 많이 쓰이고 있다.

우선 요리용 접시와 수프용 접시, 이보다 작은 치즈 혹은 디저트용 접시는 구분해서 놓아야 한다. 수프용 접시는 보울로 대신할 수도 있다.

요리용 접시는 손님의 몸 앞에, 테이블 가장자리에서 2센티미터 가량 안으로 들어가게 놓는다. 수프용 접시는 테이블을 세팅할 때는 요리용 접시 위에 쌓아놓아도 된다. 식사 중에 접시를 알아서 바꾸도록 할 것인지, 음식을 미리 접시에 담아서 내놓을 것인지는 선택의 여지가 있다. 하지만 치즈나 디저트용 접시는 식사를 시작할 때 미리 세팅하면 안 된다. 메인 요리를 다 먹은 후 처음 세팅해놓은 접시는 치우고, 작은 접시를 내놓는다.

잔 세팅하기

다음은 잔이다. 잔은 담는 음료에 따라 모양이 다르다. 친구들과 함께 하는 식사일 때는 두 개면 충분하다. 하나는 와인잔, 하나는 물잔이다. 와인 전문가들은 와인을 시음할 때는 '튤립 글라스'를 추천한다. 이 잔은 가장자리가 좁고 몸통이 불룩해서 와인의 향이 밖으로 새어나가는 것을 막아준다. 와인의 색도 감상해야 하니 색깔이 들어간 잔은 피하는 것이 좋다. 물잔은 보통 와인잔보다 크다. 격식 있는 자리에서는 화이트 와인용으로 튤립 글라스를 하나 더 내놓는다. 하지만 준비한 술이 샴페인이라면 플루트, 혹은 긴 샴페인 잔이라고 부르는 길쭉하고 폭이 좁은 특별한 잔을 내놓는다.

각종 잔은 접시 위 오른쪽으로 살짝 비켜서 놓고, 크기 순서대로 놓는다. 왼쪽에는 가장 긴 잔을 놓고 오른쪽으로 갈수록 점점 짧은 잔을 놓는다. '오르간 파이프'라는 이름의 방법도 있다. 잔 세 개를 놓되 가운데는 가장 긴 잔, 오른쪽에 가장 작은 잔을 놓는 방식이다. 샴페인용 플루트는 다른 잔을 세운 줄 뒤에 따로 놓는다.

나이프, 스푼, 포크는 어떻게 놓을까

식사할 때 빠지면 안 되는 나이프, 스푼, 포크는 스테인리스 스틸, 은제, 혹은 은도금 금속제 등 재질에 따라 여러 종류가 있는 것은 물론 쓰임새에 따라 각각 다른 것을

테이블 세팅은 취향에 따라 달라질 수 있지만

몇 가지 꼭 지켜야 할 규칙이 있다.

특히 프랑스 식탁에서 접시와 잔, 스푼, 포크, 나이프 등의

위치는 정해진 규칙을 엄격하게 따른다.

준비해야 한다. 테이블 포크와 나이프, 디저트와 치즈를 먹을 때 쓰는 포크와 나이프, 수프스푼, 티스푼 등이 기본적인 것이고 여기에 요리 종류에 따라 생선용 포크와 나이프, 아주 작은 달팽이용 포크, 디저트 혹은 얼음 스푼을 추가할 수 있다.

나이프, 스푼, 포크의 배치는 엄격한 규칙이 있다. 접시와 마찬가지로 테이블 가장자리에서 2센티미터 들어가게 놓는다. 포크는 접시 왼쪽에, 스푼과 나이프는 접시 오른쪽에 놓는다. 이때 나이프의 칼날 방향은 항상 접시를 향하고 있어야 한다. 수프 스푼을 나이프보다 먼저 사용할 경우에는 바깥쪽에 놓는다. 즉, 나이프를 접시와 스푼 사이에 놓는 것이다. 식사 중에 먼저 사용하는 도구를 바깥쪽에 놓는 것이 원칙이다. 포크의 갈고리 방향과 스푼의 굽은 면은 테이블보 쪽을 향하게 놓아야 한다. 이것은 영국식과는 정반대이므로 주의해야 한다.

치즈와 디저트용 포크와 나이프, 스푼은 접시 위쪽에 놓되, 잔과 접시 사이에 두어야 한다. 스푼과 나이프는 손잡이가 오른쪽을 향하도록, 칼날이 접시 쪽을 향하도록 놓는다. 포크는 반대로 손잡이가 왼쪽을 향하도록 놓는다. 격식을 차린 식사일 경우 치즈와 디저트를 내놓을 때 접시와 함께 가져와도 무방하다.

이런 몇 가지 규칙만 잘 지킨다면 나머지는 취향 대로 하면 된다. 식탁보, 조명, 촛대를 비롯한 자잘한 것들도 따로 원칙이 있는 것은 아니지만 조금만 신경을 쓰면 훨씬 편하고 즐거운 식사 시간을 만들 수 있다.

식탁보와 조명은 어떻게?

식탁보는 식탁을 좀더 돋보이게 하는 데 필수다. 접시에 무늬가 있다면 지나치게 화려해지지 않도록 접시 색깔과 잘 어울리는 단색보를 사용하는 것이 좋고, 접시가 단색이라면 무늬가 있는 식탁보를 까는 것이 좋다. 물론 지나치게 화려한 색깔은 사람에 따라 거부감을 줄 수 있으므로 조심하는 것이 좋다. 식사 전에 접시 위 혹은 옆에 놓아두는 냅킨도 식탁보와 접시 색깔과 잘 어울리는 것으로 골라두면 금상첨화다.

식탁을 환하게 꾸미는 데는 꽃만한 것이 없다. 제철에 피는 꽃으로 식탁의 주된 색깔과 같은 색이나 대비효과를 노린 다른 색깔로 고른다. 꽃병 대신 꽃과 작은 나뭇가지를 테이블 위에 직접 놓아도 좋다.

명절이라면 그날을 상징하는 물건으로 장식하는 것이 좋다. 크리스마스나 새해라면 식탁보에 자잘한 금박이나 은박 가루를 뿌리거나, 전나무 가지, 호랑가시나무 가지, 솔방울 등을 놓아두는 것도 좋은 아이디어다. 빨간색과 초록색 리본을 단 끈 장식도 해볼만하다.
부활절에는 색깔을 칠한 달걀이나 작은 토끼인형, 초콜릿, 꽃봉오리 등을 놓아두는 것도 좋고, 추석이나 설날이라면 한국의 전통적인 문양으로 장식하는 것도 잘 어울린다.
이렇게 하면 모인 사람들 모두의 기억에 오래 남는 흥겨운 자리가 될 것이다.

조명 또한 분위기를 바꾸는 데 아주 유용하다. 특히 촛불은 언제나 따뜻하고 매혹적인 분위기를 만들어준다. 눈동자가 반짝이는 효과를 내주고 영혼을 깃들게 하는 듯한 아름다움이 있다.
초 역시 색깔과 디자인이 아주 다양하다. 이왕이면 색깔을 식탁보와 냅킨, 접시 색깔과 어울리는 것으로 고르자. 장식품 가게에 가보면 둘레를 인조 꽃으로 장식해놓은 예쁜 초도 많이 있다. 하지만 초를 켤 때는 잊지 말아야 할 것이 있다. 우선, 향이 나는 초는 피해야 한다. 음식냄새와 향이 섞이면 음식의 풍미를 제대로 만끽하는 데 방해가 되기 때문이다. 그리고 촛불을 켜도 간접조명은 켜놓는 것이 좋다. 접시에 어떤 음식이 올라왔는지는 보여야 할 테니까.
마지막으로 아무리 아름다운 초라도 손님들의 시야를 가리게 놓아서는 안 된다는 것도 잊지 말자. 이것은 꽃을 장식할 때도 마찬가지이다.
촛대도 다양한 분위기를 연출하고 싶을 때 효과적이다. 초를 유리잔이나 꽃병, 화분 안에 세우는 것도 좋은 아이디어다. 나뭇가지, 꽃 등으로 장식할 수도 있고, 그 안에 모래나 조개껍질, 작은 조약돌 등을 넣을 수도 있다. 물감 푼 물을 채워놓으면 촛불의 빛을 받아 아름답게 빛난다. 상황에 따라 아이디어는 무궁무진하다.

있으면 좋은 다양한 테이블 액세서리들
식탁의 분위기를 좋게 하는 데 한몫을 하는 테이블 액세서리는 그 종류가 아주 다양하다.

요리가 바뀔 때마다 나이프와 포크를 바꿔주지 않으려면 나이프 받침대가 있는 것이 좋다. 식탁보가 더러워지는 것을 막아줄 테니까. 나이프 받침대는 접시 오른쪽, 큰 나이프 위쪽이 제자리다. 다양한 모양과 재료의 나이프 받침대가 나와 있으며, 한국식 젓가락 받침대가 집에 있다면 따로 준비하지 않아도 된다.

준비한 음식이 해산물이나 조개류, 새우, 아티초크(artichoke: 지중해 연안에서 자라는 국화과 식물로 자주색 꽃이 피기 전에 잘라 채소로 먹거나 통조림을 만들기도 한다)라면 핑거 보울이 꼭 필요하다. 핑거 보울은 손님들이 손가락을 씻을 수 있도록 미지근한 물을 담아두는 그릇이다. 접시 왼쪽에 두어야 하고, 물 안에 레몬즙이나 민트잎, 꽃잎 등을 살짝 뿌려두면 센스 있어 보인다. 손가락을 씻어야 하는 코스가 끝나면 핑거 보울은 바로 치우는 것이 좋다.

빵을 내놓을 때는 바구니를 사용한다. 나무, 은제, 은도금 바구니 등 뭐든지 좋다. 시골풍의 소박한 식사를 할 때나 상상력을 발휘하고 싶다면 나무로 된 단순한 빵 도마도 멋진 선택이다. 한국에 사는 프랑스인들은 한국 분위기를 내기 위해 옛날 시골에서 쌀겨를 털던 키를 즐겨 쓰기도 한다.

테이블 매트는 뜨거운 음식을 놓을 때 식탁보가 타지 않도록 하는 것이다. 나무, 자기, 금속 등 다양한 스타일의 제품이 많다. 17세기 말에 등장한 카라프carafe는 물이나 와인을 담는 병인데, 보기 싫은 플라스틱 물병을 식탁 위에 놓기 싫을 때나 단순한 와인을 멋있게 올려놓는 데 사용한다. 재떨이는 비흡연자를 배려해서 디저트 시간쯤에 내놓는다. 작고 눈에 띄지 않는 것이 적당하고, 담뱃재의 냄새가 새어나오지 않도록 뚜껑 있는 것을 사용한다.

보통 여러 손님을 초대할 때는 안주인이 미리 자리배치를 해놓는다. 남자와 여자를 번갈아가면서 앉게 하는 것이 좋고, 커플은 떼어놓는 것이 낫다. 서로 할 말이 전혀 없는 사람들, 잘 어울리지 않는 사람들은 나란히 앉히지 않도록 한다. 이럴 때 쓰는 것이 시팅 카드다. 시팅 카드는 빳빳한 종이나 마분지로 쉽게 만들 수 있고, 은색이나 금색 잉크 같은 것으로 직접 써서 장식효과를 낼 수도 있다.

프랑스 식탁을 차리는 것은 접시나 잔, 나이프, 스푼, 포크 배치 등에는 뚜렷한 규칙이 있지만, 어떤 모임인지, 누가 오는지에 따라 얼마든지 개성 있고 다양한 분위기를 만들어낼 수 있다. 상상력을 조금만 발휘하면 모인 사람 모두에게 즐거운 기억으로 남는 매혹적인 식사가 될 것이다.

무엇보다 가장 중요한 것은 까다로운 원칙들이 아니라 손님과 주인이 함께 즐거운 시간을 보내고 좋은 추억을 만들 수 있는 분위기를 만드는 것이라는 점을 잊지 말자.

바게트가 밥이냐구요?
프랑스 음식에 관한 오해와 편견

"프랑스에서는 밥 대신 빵을 먹나요?"

한국에 와서 많이 받았던 질문 중 하나이다. 대답은 물론, '아니다'이다. 누가 빵만 먹고 살 수 있겠는가. 게다가 프랑스에서 빵은 한국의 밥 개념과는 전혀 다르다. 물론 옛날에 아주 가난한 사람들은 빵 말고는 먹을 것이 없었기 때문에 빵과 멀건 수프 정도로 끼니를 때우기도 했다. 하지만 프랑스에서 빵은 사이드 디시, 즉 곁들이는 음식일 뿐이다. 한국의 김치랑 비슷하다고 생각하면 될까. 김치가 없는 한국의 밥상이 어색한 것처럼 바게트가 없는 프랑스 식탁은 뭔가 허전하니까 적당한 비유인 듯하다. 한국 사람들이 프랑스 음식 중 가장 자주 먹는 것도 바게트를 비롯한 빵이고, 가장 실수를 많이 하는 것도 빵인 것 같다.

프랑스 식탁에서 빵은 보통 개별접시가 아닌 작은 바구니에 잘라서 담아놓고 빵에 버터를 바를 때 쓰는 나이프는 개인별로 놓거나 테이블 한가운데 놓인 작은 컵 안에 한데 꽂아놓는다. 물론 격식을 차린 레스토랑이나 만찬 자리에서는 작은 빵접시와 버터용 나이프가 개별적으로 따로 나오긴 하지만 보통의 자리에서는 바구니에 같이 담아둔다. 그러니 빵접시나 나이프가 개별적으로 나오지 않는다고 해서 웨이터에게

화를 내거나 달라고 요구하진 말자. 빵은 테이블이나 접시 가장자리에 놓고 먹는 것이 보통이다. 집에서 친한 친구와 함께 하는 자리가 아니면 빵을 손으로 자르는 것은 예의에 어긋나는 일이다.

같이 식사를 하다보면 테이블에 앉자마자 빵부터 집어드는 사람들이 있다. 그런데 이런 행동은 '어지간히 배가 고픈 모양'이라는 인상을 주는, 점잖지 못한 행동이다. 친구 집이나 레스토랑에 가서 음식을 함께 먹는 것은 사람들과 좋은 시간을 나누기 위한 것이지 배를 채우는 것만이 목적은 아니라는 것을 유념하자.

빵은 치즈나 파테(pâté: 고기나 간을 갈아서 요리한 것)처럼 특별한 음식과 함께 먹기 위한 것이며, 소스의 맛을 보거나 포크에 음식을 밀어올릴 때도 쓰인다. 만일 같이 식사를 하는 사람이 아주 허물없는 사이라면 큰 상관이야 없겠지만 소스가 맛이 좋다고 해서 잘 모르는 사람들과 합석했을 때 빵으로 접시를 싹싹 닦아먹는 것은 대단히 무례한 일이다.

빵 이야기를 하자니 마늘빵에 관한 것을 빼놓을 수 없다. 한국 사람들은 보통 마늘빵을 프랑스 음식이라고 알고 있다. 놀라겠지만 나는 흔히 한국에서 먹는 마늘빵을 프랑스에서 한 번도 본 일이 없다. 부야베스(bouillabaisse: 생선을 기본으로 푹 끓인 해물 잡탕 스튜)나 수프처럼 특별한 음식을 먹을 때 생마늘로 문질러 구운 토스트가 나오기는 하지만 이 빵만 따로 나오는 경우는 절대 없다.

프랑스 식탁에는 잼과 케첩이 없다

빵과 더불어 이야기하고 싶은 건 '잼'이다. 우리 레스토랑에 찾아온 손님들 중 기본적인 것을 빠뜨렸다며 불쾌한 얼굴로 잼을 요구하는 분들이 있다.

사실 프랑스에서 빵에 잼을 발라먹는 것은 아침식사나 어린이들의 간식이 대부분이며, 특별한 요리는 물론 예외지만 일반적으로 단 음식과 짠 음식은 함께 먹지 않는다. 그러니 메인 디시에 잼이 같이 나오는 경우는 거의 없다. 잼처럼 단 음식은 식사 마지막에 디저트와 함께 나온다. 빵이 나왔다고 해서 무조건 잼을 달라고 하는 것은 잘못 알려진 습관이다.

또 하나, 요즘 많은 식당에서 '올리브유와 발사믹 식초 소스'에 빵을 찍어먹는 것을 볼 수 있다. 역시 내 눈에는 난센스로 보인다. 재료는 이탈리아산이지만 이런 소스는 이탈리아에서도 본 적이 없다. 내 생각에는 미국에서 개발된 수많은 퓨전 소스 중 하나가 아닌가 싶다. 분명한 것은 이는 프랑스 소스는 아니며 어떤 프랑스 식당에 가도 이런 소스는 나오지 않는다는 점이다. 그러니 나오지 않아도 달라고 하지 않는 것이 좋다. 마치 한국 식당에 가서 케첩을 달라는 것과 비슷하다면 이해가 될까.

케첩 역시 프랑스 소스가 아니다. 미국 소스를 대표하는 것이라고나 할까. 혹시 고기에 뿌릴 것이 필요하다면 톡 쏘는 디종 머스터드 정도를 가끔 사용할 뿐이다.

프랑스인은 음식에 대해서 정말 민감하다. 그렇기 때문에 대부분의 레스토랑, 특히 고급 레스토랑에서는 케첩뿐만 아니라 병에 든 소스는 아예 내놓지 않는다. 그런 소스를 찾는 것은 그 레스토랑의 셰프에게는 모욕적인 일이다.

새로운 요리는 마음을 열고 대하세요

"오리에서 오리 냄새가 나요."

언젠가 식당의 손님 한 분이 언짢은 표정으로 나를 불러 이런 말을 했다. 그 손님이 주문한 것은 오리 요리였다. 나는 고개를 갸우뚱했다. 칭찬인지 불만인지 잘 알 수 없었기 때문이다. 프랑스에서 양이나 오리, 가금류, 토끼, 말고기 같은 요리를 주문하는 것은 그 고기의 맛을 즐기고 싶어서다.

그런데 한국 사람들의 생각은 다른 것 같다. 한국 사람들이 소나 닭고기를 좋아하는 것은 '냄새'가 안 나기 때문인 것 같다. 그렇지만 프랑스 음식은 재료 자체의 맛과 향을 가장 중요하게 여긴다. 소스나 향신료가 그 맛과 향을 가리면 안 된다는 것이 기본원칙이다. 안타깝게도 손님의 불만을 해결해드릴 방법이 없었다. 그냥 정중하게 사과를 하고 다음에는 익숙한 음식을 주문하시라고 일러드릴 뿐.

새로운 요리를 맛볼 마음의 준비가 되어 있지 않다면 우선은 익숙한 음식을 먹으며 서서히 경험해보는 것이 좋다. 입맛은 교육에 의해 만들어진다. 익숙하지 않은 사람에게 프랑스 음식을 먹는다는 것은 아주 색다른 경험일 것이다. 나 역시 10년 전 처음 한국에 왔을 때 밥상 위의 모든 음식이 입에 맞는 것은 아니었다. 그렇지만 오랜 시간이 흘러 지금은 거의 매일, 아주 다양한 한국 음식을 맛있게 먹으며 지내고 있다. 한국 음식만이 아니다. 타이, 인도, 중국 음식 등 접해볼 수 있는 다양한 나라의 음식들을 찾아가면서 먹는다. 나는 그렇게 새로운 음식과 맛을 접하는 것이 즐겁다.

사실 알아야 할 것은 간단하다. 이제껏 배운 것은 모두 잊을 것, 이미 알고 있는 것과 비교하지 말 것, 편견으로 새로운 경험을 망치지 말 것, 입맛을 새로이 만들어가는, 갓 태어난 아기의 감각을 지니려고 노력할 것.

낯선 음식을 맛볼 때 가장 필요한 것은 이런 마음일 것이다. 누구나 조금씩 그렇게 새로운 음식에 마음을 열고 대하다 보면 머지 않아 크림과 머스터드 소스를 잔뜩 뿌린, 냄새나는 토끼다리 고기의 맛을 즐길 수 있게 될 것이다.

프랑스 음식은 건강에 안 좋다?

한국 사람들은 프랑스 음식이 칼로리가 아주 높고 기름기가 많아 건강에 안 좋을 거라고들 생각한다. 흔히 '양식'이라고 하는 것들에 대해 그런 생각을 하는데 이 세상에는 뭉뚱그려 '양식'이라고 할 수 있는 음식은 내가 알기로는 없다.

프랑스 음식이 칼로리가 높고 기름기가 많다는 말은 맞는 말이다. 다이어트를 하기에는 한국 음식이 훨씬 좋다. 그렇지만 몸에 안 좋을 거라는 생각은 맞지 않다. 프랑스 사람들은 기름기가 많고 칼로리가 높은 음식을 먹지만, 수명이 길고 심장혈관계 질환 발병률이 낮은 편이다. 그 이유가 뭘까? 그것은 바로 음식문화의 특성 때문이다.

프랑스 사람들은 식사할 때 거의 빠지지 않고 레드 와인을 즐겨 마신다. 그리고 남부의 올리브유나 오리고기, 거위기름 등도 다이어트에는 좋지 않겠지만 건강에 나쁜 콜레스테롤은 전혀 없다. 식단 또한 매우 다양해서 야채와 곡물, 과일, 유제품 등을 많이 먹는다. 그러니 매일매일 스테이크와 프렌치 프라이만 먹고 살지 않는 이상 지나친 건강 걱정은 하지 않아도 괜찮다.

리필 없는 커피 문화

"커피, 리필 좀 해주세요."

우리 레스토랑에 처음 오는 손님들 중 이런 주문을 하지 않는 손님은 거의 없다. 그만큼 한국에서 커피 리필 주문은 일상화되어 있다. 그렇지만 유럽에서는 아주 싸구려 음식점

말고는 보통 리필을 주문하는 일이 거의 없다. 웬만한 레스토랑에서는 최선의 재료로 커피를 내놓는다. 그만큼 비용이 들기 때문에 1인분을 더 서비스할 이유가 없는 것이다. 커피 리필의 주문은 값이 싼 청량음료나 필터로 거른 커피를 계속 리필해주는 패스트푸드점과 패밀리 레스토랑 때문에 일상화되었다. 프랑스 음식점에서는 흔히 아메리칸 커피라고 하는 필터 커피를 내놓지 않고, 보통 에스프레소 기계와 최고의 원두를 사용한다. 좋은 커피를 내놓기 때문에 공짜로 커피를 더 내놓기가 어렵다.
물론 식당 주인이 단골이나 우량고객에게 와인 한 잔, 커피나 디저트, 혹은 디제스티프 같은 것을 그냥 서비스하는 경우는 가끔 있다. 그런데 무작정 공짜를 요구하면 주인들은 대부분 음식맛이 없어서 무리한 요구를 한다고 받아들일 것이다.

프랑스 사람들은 자신들의 음식문화를 대단히 자랑스러워한다. 그것이 때로는 단순한 자존심이나 오만처럼 보이기도 하지만 사실은 음식에 대한 순수하고 진정한 열정이다. 그래서 그들은 누군가 자신이 만든 음식을 존중하지 않거나 별로라고 생각하는 것에 충격을 받고 매우 민감한 반응을 보이기도 한다. 음식문화를 자랑스럽게 생각한다는 점에서 한국 사람들과 프랑스 사람들은 공통점을 갖고 있는 것 같다.
거듭 말하지만 음식은 단지 먹을거리만이 아닌 그 나라의 문화이기도 하다. 누구나 다른 나라 음식에 대해 정확하게 아는 것이 쉬운 일은 아니다. 그렇지만 조금만 관심을 가지고 자주 접하다 보면 그 나라의 문화를 제대로 즐길 수 있는 가장 쉬운 방법이 바로 음식이라는 것을 알게 될 것이다.
그러니 프랑스 음식에 대한 편견과 오해에서 벗어나 이제 마음을 열고 있는 그대로의 음식을 마음껏 즐기자.

감각의 제국, 와인의 세계
와인 제대로 즐기기

프랑스, 하면 와인을 빼놓을 수 없다. 요즘은 한국에도 와인을 즐기는 사람이 부쩍 많아졌다. 하지만 여전히 와인을 어렵고 복잡하게 느끼는 사람들이 많다. 나에게도 좋은 와인을 어떻게 고르냐고 물어오는 사람들이 정말 많다. 그럴 때마다 내 대답은 언제나 같다.

"책을 따라 하지 말고 자신의 입맛을 따르세요."

와인 역시 음식과 마찬가지로 학습이 필요하다. 좋은 와인과 평범한 와인의 차이를 알고 구별해서 선택하는 것, 그리고 자신의 입맛에 맞는 와인을 잘 고르는 것은 시간이 필요한 일이다.

나는 와인으로 유명한 보르도에서 태어났다. 열 살인가 열한 살 때부터 부모님과 와인을 마시기 시작했는데 그렇다고 부모님이 특별히 와인에 대해 가르쳐주신 것은 아니다. 어릴 때부터 자주 맛을 보고 마시다보니 와인에 대한 감각이 나도 모르게 길러졌다. 그러니 와인을 잘 고르기 위해서는 일단 많이 마셔보는 것이 중요하다. 자주 마셔야 와인에 대한 감식안이 발달한다.

와인은 복잡하고 오랜 제조 과정을 거쳐서 만들어지며 종류도 너무나 다양하기 때문에 거의 과학이라고 해도 좋을 정도다. 하지만 무엇보다 와인은 감각의 쾌락이며 만드는 사람들의 열정의 산물이다. 와인은 '즐기는' 것이다. 잘난 척 하는 사람들이 얄팍한 지식을 들이대며 거들먹거리는 모습에 기죽지 말자. 그냥 자신을, 자신의 미각을 믿고 즐기는 것이 와인을 잘 아는 최선의 방법이다. 그렇게 마셔보다가 어느 날 어떤 와인이 마음에 들었다면 제조 연도나 브랜드, 가격과 상관없이 그것이 내게 어울리는 와인인 것이다. 그렇게 하나씩 발견해나가다 보면 몇 달 뒤에는 더 좋고 더 마음에 드는 와인을 만날 것이다. 그렇게 와인의 맛을 느껴가면서 제대로 와인을 즐기는 방법을 스스로 알아내는 것이다.

와인에 대한 몇 가지 편견

좋은 와인을 묻는 사람들은 대부분 몇 가지 편견을 가지고 있다.

가장 많은 것이 가격에 대한 편견이다. 비싼 와인일수록 좋을 거라는 생각. 이것은 분명히 잘못된 생각이다. 와인은 숨을 쉰다. 살아 있다는 뜻이다. 그러니 공장에서 규격대로 만들어낸 것처럼 맛이 늘 고르지 않다. 최고의 와인조차 맛이 들쭉날쭉하다. 또한 마실 때의 온도나 저장 상태, 마시는 사람의 기분에 따라서 같은 해에 생산된 같은 와인도 맛이 다를 수 있다. 유명하다는 그랑 크뤼 Grand Cru 와인도 좋지 않을 수 있고, 반면에 평범한 포도알을 한 해 동안 고르고 골라 정성을 다하는 사람들이 만든 소박한 와인의 맛이 아주 좋을 수 있다. 게다가 유명한 와인의 맛을 완전히 음미하려면 마시는 사람도 그만큼 경험이 풍부해야 한다. 그러니 와인의 특성에 대해 잘 모르는 경우 아주 비싼 것보다 중간 가격 정도의 와인을 고르는 것이 현명한 선택일 수도 있다.

라벨에 대한 편견도 아주 많다. 와인을 주문할 때 무조건 라벨만 보고 고르는 사람도 있다. 유명한 이름, 유명한 지역의 와인이면 무조건 좋다고 생각하는 것이다. 하지만 조심하자. 라벨은 읽기도 힘들 뿐더러 지역의 이름이 꼭 와인의 질을 보증하는 것은 아니다.

다음으로 빼놓을 수 없는 것이 생산 연도, 즉 빈티지에 관한 속설이다. 오래된 와인일수록 더 좋다고 생각하는 사람들도 있고, 간혹 몇 년도 와인은 절대 피해야 한다는 사람들도 있다. 이런 상식은 맞기도 하지만 틀리기도 하다. 빈티지는 최고급 와인의 경우에 특히 중요하다. 몇 년도는 빨리 마셔야 하고, 몇 년도는 몇 해 더 있다 따야 하며, 몇 년도는 절대 피해야 하는 경우도 있다. 그런데 이를 알려면 빈티지 차트와 자료를 보고 열심히 공부해야 한다. 하지만 이런 방식에는 맹점이 있다. 같은 해에 나온 와인 중에 보르도 와인은 좋지만 버건디 와인은 형편없는 경우도 있다는 사실이다.

와인에 대한 이런 서툰 편견은 와인을 즐기는 데 오히려 방해가 된다. 최근에 생산된 프랑스 와인은 대부분 맛이 좋고 중가의 와인도 맛이 상당히 고르다. 특별히 와인맛이 나쁜 해라고 해도 좋은 와인 메이커에서는 괜찮은 와인을 생산해낸다. 10년이 지난 뒤에 맛이 떨어질지는 모르지만, 또 '특급' 와인으로 불리기는 어려울지 모르지만 지금 당장 즐기기에는 모두 쓸만한 와인이다.

사실 많은 사람들이 관심을 갖는 빈티지는 와인을 소장하면서 직접 숙성시킬 때 중요하다. 그러니 레스토랑에서 그냥 마실 거라면 그다지 신경쓰지 않아도 된다. 믿을만한 레스토랑 주인이나 소믈리에가 있는 곳에 가서 그들의 미각을 믿고 마시는 것이 좋다. 와인을 잘 알고 있는 사람이라면 고객에게 맞는 와인을 잘 골라줄 것이다.

와인이란 모름지기 오래 숙성시켜야 좋다고 하지만 아껴두면 못 먹는 와인도 있다. 한국에서도 유명해진 보졸레 누보는 반드시 다음 해 봄이 되기 전에 마셔야 하고 메를로(Merlot: 포도의 품종 중 하나) 만으로 만든 와인은 최대한 3~4년 안에는 마셔야 한다. 맛은 꽤 좋지만 맛있다고 아끼다 보면 그냥 식초가 된다. 물론 숙성을 시켜야 하는 와인도 있다. 카베르네 소비뇽cabernet-sauvignon으로 만든 와인은 적어도 3년이 지나야 부드럽고 균형 잡힌 맛을 음미할 수 있다.

와인, 제대로 즐기는 법
그렇다면 와인은 어떻게 즐겨야 할까? 와인에 대해 잘 모른다면 우선은 수첩을 가지고 다니라고 권하고 싶다. 자신이 마신 와인의 이름과 재료, 제조 연도 및 원산지와 마셔본 느낌을 꼼꼼히 기록해보자. 실제로 그런 사람들을 많이 보기도 했는데, 초심자에게는 아주 좋은 방법이다. 기록을 해놓으면 다음에도 같은 포도, 같은 원산지 등을 기준으로 비슷한 와인을 골라서 맛을 비교해볼 수 있으며 그러다 보면 다양한 와인들도 골고루 접해볼 수 있다. 시간이 지나면 자연스레 서로 다른 와인들의 맛도 알 수 있게 될 것이며, 미각도 발달하게 마련이다.

잔으로 여러 종류의 와인을 주문할 기회가 있다면 그렇게 맛을 비교해보는 것도 괜찮은 방법이다. 한 잔씩 맛을 보면서 웨이터에게 그 와인의 기본적인 특징이 무엇인지 물어보자. 드라이 와인인지, 스위트 와인인지, 과일향인지, 풀 보디인지, 오크 숙성인지 등등.

와인과 관련된 용어는 대부분 매우 시적이고 추상적이다. 와인은 과학이지만 동시에 예술이기 때문에, 그 맛도 말로는 설명하기가 어렵다. 그러니 자기만의 단어로 수첩에 표시해놓자. 그러다 보면 스위트와 드라이의 차이가 무엇인지, 알콜 도수가 높은지 낮은지 등을 직감적으로 알아차리게 될 것이다. 물론 내 입맛에 맞는 와인도 찾아낼 수 있을 것이다.

흔히 한국 사람은 스위트 와인을 좋아한다고 하지만, 내가 보기에 꼭 그런 것 같지만은 않다. 내 경험상 한국인들은 편견 없이 모든 와인을 좋아하는 것 같다. 사람마다 입맛이 모두 다르다는 얘기다. 그러니 자신의 감각을 믿고 자신에게 어울리는 와인을 찾아보자. 그때그때의 기분이나 음식에 따라 입에 맞는 와인이 달라질 수도 있고, 경험이 쌓이면서 좋아하는 와인이 변해갈 수도 있다.

입맛에 따라 와인을 고르는 것도 중요하지만, 각각의 와인에는 어울리는 음식과 마시는 법이 따로 있다.

일반적으로 보통 육류에는 레드 와인, 생선 및 해산물과 샐러드에는 화이트 와인이 잘 어울린다. 레드 와인도 쇠고기나 양고기에는 도수가 높은 와인이, 기타 흰 살코기에는 도수가 낮고 과일향이 강한 와인이 더 잘 어울린다. 스위트 와인은 디저트와 함께 마신다. 그렇지만 꼭 이것을 따를 필요는 없다. 와인에 따라 얼마든지 변화를 줄 수도 있다. 초보자가 음식과 어울리는 와인을 찾는 것은 쉽지 않으니, 망설이지 말고 웨이터나 소믈리에에게 물어보자. 요즘은 와인과 음식 궁합을 알려주는 좋은 책도 많이 나와 있으니 참고하는 것도 좋다.

와인 시음하기

새로운 와인이 나오거나 아주 특별한 와인, 고급 와인 등을 처음 맛볼 때 으레 하는 것이 와인 시음이다. 매번 시음을 할 필요는 없다. 경우에 따라 아주 엉뚱하게 보일 수도 있고 평범한 테이블 와인을 마실 때나 새 병을 딸 때마다 이렇게 하는 것은 사실 좀 우습긴 하다.

그렇다면 와인 시음은 왜 하는 것일까. 기본적인 이유는 그 와인이 마실만 한지, 별다른 문제는 없는지 확인하기 위한 것이다. 생각보다 와인에 문제가 있는 경우가 많기 때문이다. 대부분의 유럽 와인은 아주 엄격한 규정에 맞춰 출시되며 방부제를 섞을 수 없게 되어 있다. 그래서 온도와 습도 변화에 대단히 민감하다. 운반과정에서 변질되는 경우도 많고 잘못하면 맛이 변하는 경우도 있다. 또한 코르크 마개 때문에 와인을 완전히 버리는 경우도 있다. 이런 경우는 상해서 이상한 맛이 난다. 따라서 새 와인을 딸 때 문제가 있는지를 와인 시음을 통해 확인하는 것이다.

와인 시음은 보통 소믈리에나 웨이터가 우선 와인을 잔에 약간 따라 주고 고객의 의견을 듣는 방식으로 이루어진다.

와인을 받으면 일단 냄새를 맡아본 후 살짝 맛을 본다. 경험이 많은 사람이라면 냄새로 알아차릴 수 있다. 맛이 유난히 쓰거나 텁텁할 때, 또는 나무 냄새가 날 때는 대부분 와인에 문제가 있는 것이다. 그렇지만 와인에 따라 자체의 맛이 그럴 수 있으니 특성을 미리 알아두는 것도 좋다.

맛을 보고 뭔가 이상한 점이 있다는 생각이 들면 웨이터에게 말해서 한 번 더 확인해 달라고 한다. 그런데 마늘, 후추, 커피처럼 맛과 향이 강한 음식을 먹은 뒤에는 자신의 미각만을 믿어서는 안 된다. 이럴 때는 잠시 기다렸다가 맛을 보겠다고 말하는 것이 좋다.

와인에 아직 익숙하지 않을 때 와인맛을 보라고 받았을 때는 그냥 약간만 맛을 보고 몇 초 동안 음미한 후에 '좋다'는 뜻으로 웨이터에게 살짝 고개를 끄덕여 준다. 맛에 자신이 없을 때는 만약을 위해서 다른 손님에게도 맛을 보라고 하고, 와인에 대해 전혀 아는 바가 없지만 그렇게 보이고 싶지 않을 경우에는 오기 전에 커피를 마셔서 미각에 자신이 없다고 말하는 것이 무난하다.

만약 문제가 있다는 것이 확인되면 기꺼이 교환을 해준다. 그러니 소믈리에가 이상이 없다고 하는 데도 지나치게 고집을 부리는 것은 삼가해야 한다. 가능하면 소믈리에의 충고에 귀를 기울이는 것이 좋다. 또한 와인의 '맛'이 마음에 들지 않는다고 해서 다른 것으로 바꿔달라고 할 수는 없다. 시음은 와인의 맛이 고객의 마음에 드는지 안 드는지 알아보려는 것이 아니라, 와인에 특별한 문제가 있는지 확인하는 것이다.

와인은 어떻게, 누구부터 따를까

와인을 따를 때 병을 돌리면서 따르는 것을 본 적이 있을 것이다. 그것은 와인에게 '휴식'을 주기 위한 방법이다. 즉, '숨을 쉬게' 해주어야 한다는 뜻인데 와인에게 휴식은 뚜껑을 연 뒤 공기와 접촉시켜 약간 산화를 시켜주는 것이다. 이렇게 휴식을 주어야만 그 와인의 완전한 맛을 끌어낼 수 있다.

보통 식당에서 와인을 마실 때는 여성에게 먼저 따르고 나이가 많은 사람들에게 먼저 따르는 것은 크게 다르지 않다. 그렇지만 집이나 파티 자리에서는 집주인이나 파티를 주선한 사람이 자기 잔에 먼저 와인을 따른다. 예의가 없다고 나무랄 일이 아니다. 병입구에 코르크 조각이나 불순물이 떠 있을 수 있고 보관이 잘못 되어 와인맛이 변질될 수도 있기 때문에 미리 확인을 하려는 것이다.

와인은 음식과 마찬가지로 모든 감각으로 느끼는 것이다. 맛과 향으로 쾌락을 주는 것은 물론이고, 동시에 여러 사람과 함께 하는 즐거움을 더욱 크게 만들어준다.
와인을 더욱 잘 알기를 원한다면, 제대로 즐기고 싶다면 한 가지만 기억하자.
와인은 자신을 믿고 자신의 감각이 일러주는 대로 즐기는 것이다. 지식은 시간과 경험이 쌓이면 자연스럽게 얻어지는 것이다. 그러니 이제 마음놓고 와인을 즐기시라.

와인 맛보기
1. 먼저 와인에 적합한 깨끗하고 투명한 잔에 천천히 따른다. 와인이 숨을 쉴 수 있도록 잔의 반 정도만 채운다.
2. 와인과의 첫 만남은 눈으로 보는 것이다. 우선 잔을 약간 기울여 와인의 로브(robe: 색깔)부터 시작해서 뉘앙스, 투명도, 광택 등을 관찰하고 판단한다.
3. 잔을 움직이지 말고 와인의 향을 한 번 맡는다. 그런 다음 잔을 같은 방향으로 두세 번 돌려 파도치게 한 후 다시 향을 맡는다.
4. 와인을 한 모금 마신 후 모든 미각으로 단맛, 짠맛, 신맛, 쓴맛을 감별하면서 와인의 보디body를 분석한다.
5. 편견을 버리고 함께 마시는 사람들과 즐겁게 와인의 맛을 구체적으로 표현해보자.

프랑스 와인 라벨 읽기
1. 빈티지(밀레짐): 포도 수확 연도.
2. 브랜드: 대개 와인성의 명칭이나 회사 소유자, 생산자의 이름을 사용한다. 이 와인의 이름은 '샤토 무통 로쉴드'이다.
3. 병입지: 생산 지역의 와인성에서 병입되었음을 나타낸다. 'Tout en bouteilles au Château' 또는 'Mis en bouteille au château'라고 표기되어 있으면 샤토, 즉 성에서 병입되었음을 뜻하는 것으로 고급 와인임을 의미한다.
4. 원산지 표기: AOC(Appellation d'Origine Côntrolée)의 O 자리에 '포이약' Paullac이라고 표기되어 있는 것은 프랑스 포이약 지역에서 생산된 포도를 원료로 사용했다는 의미다.
5. 알콜 함유량: 12퍼센트
6. 용량: 보통 75cl, 혹은 750ml로 표기한다.

원산지 관리 식품 AOC
원산지 관리 식품(AOC: Appellation d'Origine Côntrolée)은 프랑스에서 농산품의 품질을 유지하기 위해 도입한 시스템이다. 와인을 비롯해 코냑, 칼바도스, 아르마냑 등의 술과 여러 식재료들을 산지에서부터 모든 생산 과정을 통제, 관리하는 방식으로 이루어진다.

와인에서 AOC는 가장 품질이 우수한 와인을 대상으로 통제하는데, 프랑스 전체 와인 생산량의 약 35퍼센트 정도를 차지한다. AOC의 관리 아래 있는 와인은 수확량은 물론, 나무를 심을 때의 밀도, 알코올 도수, 시음을 통한 통제 등 모든 규제 사항을 지켜야 한다. 엄격한 관리에 따라 와인을 생산한 지역명이나 포도 품종 등은 정확하게 지켜진다. 소비자가 라벨만 보고도 와인을 믿고 선택할 수 있는 것은 바로 이 원산지 관리 식품 제도 덕분이다.

너무나 프랑스적인 공간, 비스트로
길모퉁이에서 만나는 프랑스식 사랑방

프랑스 여행을 하거나 프랑스 음식을 파는 식당에 가보면 비스트로라는 말을 심심치않게 들을 수 있다. 우리가 이 책에 소개하고 있는 요리들이 대부분 비스트로 음식이니 비스트로에 대해 알아두는 것이 좋을 것 같다.

비스트로 음식은 집이나 길모퉁이 작은 식당 어디서나 프랑스 사람들이 매일같이 즐기는 소박하고 가정적인 음식을 말한다.

비스트로가 뭐길래? 하는 질문이 당연히 따라나올 것이다. 'bistro 혹은 bistrot'라고 쓰는 비스트로는 너무나 프랑스적인 곳이라 한마디로 설명하기가 쉽지 않다. 단어 자체의 기원도 분명하지 않다. 14세기에 처음 등장한 것으로 짐작되고, '빨리'를 의미하는 러시아어 'bistro'에서 기원했다는 설이 있다. 1814년 파리를 침공한 러시아 군인들이 'bistro'를 되뇌이며 먹고마실 곳을 열심히 찾아다니는 것을 본 파리 시민들은 이 단어가 작은 식당이나 술집을 뜻하는 것인 줄 알았다는 것이다.

사전에는 그냥 '정다운 분위기의 작은 식당'이라고 적혀 있을 뿐이다. 어쩌면 이 설명이 가장 정확할지도 모르겠다. 굳이 정의하자면 비스트로는 격식 없는 상차림으로 음식과 마실 것을 내놓는 작은 식당이다. 이곳에는 손님들이 흔히 웨이터나 주인을 이름으로 부를 만큼 친밀하고, 전용 테이블과 전용 냅킨이 있으며 먹던 와인까지 보관해놓는 단골 손님이 있다.

프랑스 어에는 비스트로와 유사한 단어가 많다. 카페café, 부숑bouchon, 레스토랑restaurant, 카바레cabaret 등등. 하지만 그 의미들이 조금씩 다르고, 다른 단어로는 비스트로만이 가지고 있는 느낌을 그대로 전해주지 못한다.

카페는 때로 음식을 먹기도 하긴 하지만 주로 커피 같은 음료를 마시는 곳이다. 동네 사람들이 매일 만나 카운터에 서서 이웃이나 또는 낯선 사람들과 정치, 날씨, 경제, 인생, 이 모든 것에 대한 이야기를 나누는 곳이 카페다.

부숑은 리옹 인근의 작고 소박한 식당을 가리키는데, 비스트로와 비슷한 면이 있다. 부숑에 대한 설명은 뒤에 자세히 해두었다(87쪽 참조).

레스토랑은 주로 미식가를 위한 음식을 내놓는다. 물론 비스트로의 음식도 맛이 있지만 미식가를 위한 것은 아니다. 비스트로에서 먹는 음식은 각 지방이나 집에서 만든 음식처럼 소박하고 친근하며 대부분 건강식에 집집마다 고유한 맛이 있다. 가격도 저렴해 부담 없이 발을 들여놓을 수 있어서 프랑스 사람들은 보통 레스토랑보다는 비스트로의 음식을 자주 즐기는 편이다.

카바레는 연예인들이 나와서 콘서트나 쇼를 공연하며 음식을 먹는 곳이다. 비스트로에서도 음악회나 연회, 전시회, 철학토론, 시낭송회 등이 열리기도 하지만 카바레의 분위기와는 사뭇 다르다.

오늘날에는 전 세계 어디를 가나 비스트로를 만나는 것이 어렵지 않다. 그래서인지 이 단어 자체가 점점 식당 자체를 가리키는 말로 쓰이고 있다. 물론 식당이 맞긴 하다. 그렇지만 비스트로는 단순히 끼니만을 해결하는 보통의 식당들과는 아주 다르다. 비스트로는 오래 전부터 프랑스인에게 익숙하고 친근한 생활방식의 한 부분이며, 흥겨운 분위기, 즐거운 문화, 맛있는 음식이 한데 섞인 매력적인 공간이다. 길을 걷다가 비스트로라는 간판을 만나거든 주저하지 말고 한 번 들어가보시길. 친근한 웃음으로 오래된 친구를 대하듯 분명 기분좋게 맞이해줄 것이다.

여기서 소개하는 스무 가지의 음식은 모두 비스트로 음식이다.

프랑스 사람들은 길모퉁이만 돌면 어디서나 볼 수 있는 동네 식당, 비스트로에서

매일같이 이 소박하고 가정적인 음식을 즐긴다.

저마다 독특한 개성을 지닌 비스트로 음식은 구하기 쉬운 재료와 소박한 레시피로

만들지만 나무랄 데 없이 근사한 맛을 낸다.

오랜 전통의 레시피를 여러분의 부엌에서 직접 실험해보시길.

이야기로 만나는 프랑스 음식

2

Soupe

수 프

양파 수프 *Soupe à l'oignon*

전통식 야채 수프 *Soupe de légumes paysanne*

마르세유식 생선 수프 *Soupe de poisson marseillaise*

Soupe à l'oignon

차갑고 축축한 겨울 아침, 그들에게는 잠자리에 들기 전에 뭔가 뜨겁고 열량이 풍부한 음식, 피곤한 근육과 마음에 생기를 불어넣어줄 음식이 필요하다. 바로 저 유명한 양파 수프의 시간인 것이다.

화려한 물랭 루주가 새벽시장과 만날 때
양파 수프

프랑스에는 대도시마다 '레알' les Halls이라는 지붕이 덮인 거대한 식료품 도매시장이 있다. 한쪽에서는 각 지방에서 신선한 야채를 실은 트럭이 도착하고, 마치 비밀결사의 일원처럼 머리까지 덮어쓰는 긴 흰색 외투를 입은 사람들이 피 묻은 고깃근을 등에서 내려놓으며, 또 한쪽에는 생선이나 치즈 등 도시 사람들의 식탁에 올라갈 온갖 식료품이 쌓여 있다. 사람들은 말없이 상품을 진열하고 장사 준비를 한다. 아침 첫 햇살과 함께 시장은 첫 번째 손님을 부르며, 풍채 넉넉한 아주머니가 소리 높여 외친다.

"싱싱한 생선이요! 와서 보세요! 바다에서 방금 도착해서 펄펄 뜁니다!"

한편 고된 일을 끝마친 짐꾼들은 하나둘씩 휴식을 취하기 위해 시장을 떠난다. 하지만 차갑고 축축한 겨울 아침, 그들에게는 잠자리에 들기 전에 뭔가 뜨겁고 열량이 풍부한 음식, 피곤한 근육과 마음에 생기를 불어넣어줄 음식이 필요하다. 바로 저 유명한 양파 수프의 시간인 것이다.

싸고 맛있는 양파 수프는 전통적으로 노동자와 농부의 음식이요, 시장통 음식점의 희미한 불빛 아래서 플라스틱 테이블에 종이를 깔고 나눠먹는 새벽 요깃거리였다. 다닥다닥 붙어앉아 먹기 때문에 항상 옆에 앉은 사람을 신경써야 하는 그런 작은 시장통 음식점의 빠질 수 없는 음식.

사실 양파 수프 요리법은 유럽 전역의 시골마다 제각기 다르다. 19세기 말 도시화가 진행되면서 많은 시골 사람들이 대도시, 특히 수도 파리로 넘어왔다. 그리고 지저분하고 고된 일을 마다하지 않고 닥치는 대로 막일을 해서 생계를 꾸렸다. 그들이 주로 했던 일들 중에 시장에서 짐을 나르는 일도 있었다. 시장은 고된 노동으로 짐꾼들에게 힘든 곳이기도 했지만 삶의 터전이었다. 그래서 그곳은 언제나 활기 넘치고 생기가 살아 있는 용광로 같은 곳이었다.

제2제정(1852~70) 당시 노동자들이 고향에서 먹던 양파 수프를 도시인의 입맛에 맞게 치즈를 넣어 그라탕으로 만들어 먹던 곳도 시장이었다. 당시 부르주아지나 귀족들은 밤에 하층민들과 즐겨 어울렸다. 피갈이나 몽마르트르의 카바레가 전성기를 누렸던 것도 바로 이 시절이다. 르누아르나 로트레크의 그림에서 당시의 정경을 만날 수 있다. 가르니에 오페라 극장이나 카바레 물랭 루주에서 쇼를 관람한 다음에는 늦게 저녁식사를 해야 했는데 레알 근처 작은 식당에서는 자정에서 새벽 5시까지 양파 수프를 먹을 수 있었다. 그런 곳에서는 상류층도 짐꾼들과 어깨를 나란히 하고 요기를 했다. 헤밍웨이의 소설 제목에도 있듯, 당시 '파리는 하나의 파티였다'. 이런 전통은 1950년대 후반까지 살아 있었다. 이후 사회가 변하면서 유흥문화도 바뀌었지만 양파 수프의 전통은 아직 살아남아 있다.

20대의 즐거운 추억 중 새벽시장에서의 시간은 각별하다. 그 당시 나와 친구들은 밤새도록 술집과 클럽을 전전하다가 시장 노동자들을 위해 새벽까지 여는 작은 비스트로에서 그날의 '파티'를 마무리 했었다. 양파 수프 때문이었다.

양파 수프는 숙취를 예방하거나 다스리는 데 그만이다. 우리는 밤새 마신 알코올 기운 때문에 아직 미식거리는 속을 안고 피곤한 노동자들과 나란히 앉아 후루룩거리며 수프를 마시곤 했다. 우리가 마지막 술 한 잔을 마시는 동안, 그들은 하루의 첫 잔을 마셨고, 종종 술취한 노인이나 인근을 떠도는 거지와 함께 노래를 불러재끼기도 했다.

이렇게 잡다한, 시장이라는 세계를 오가는 사람들은 고향 또한 다양했다. 보르도 같은 항구도시에서 온 사람, 아프리카인, 모로코 출신의 아랍인, 베트남인 등등. 바에서는 와인이나 '리틀 블랙'(아주 진하고 양이 적은 에스프레소 커피) 한 잔을 놓고 정치 토론이 끝없이 이어졌다. 우리는 졸음에 취해 꿈속인 것처럼 대화를 엿들으며 농담이 들리면 웃음을 터뜨리고 때로는 그대로 잠들기도 했다.

젊은 나이, 술취한 호기에는 모든 것이 아름답고 희망에 차보였다. 하늘에서 태양이 떠오르듯이 우리 인생도 출발점에 서 있었고, 모든 것이 가능했다. 우리는 자유로웠다. 소박한 야채로 만든 수프 한 그릇에 그때 그 시절의 모든 느낌이 담겨 있다. 양파 수프는 다양한 재료를 갖출 수 없는, 또는 바쁜 사람들을 위한 정말 간단한 음식이다. 닭고기 육수와 양파만 있으면 준비 끝이다. 좋은 요리법이란 늘 그렇듯, 단순한 것이 최고다. 단순한 양파 하나로 만든 수프가 어떻게 그토록 기운을 북돋워주고 숙취까지 다스려주는지. 양파의 숨은 마술 때문인지, 걸쭉한 닭고기 육수 때문인지 지금도 나는 잘 모르겠다. 하지만 그 효과는 확실하다.

양파 수프는 프랑스 음식문화의 대표주자 가운데 하나다. 하지만 정작 프랑스에서는 촌스러운 구식 요리라 하여 점점 사라져가는 추세다. 음식이 어떻게 식탁까지 올라오는지 알고 싶어하지 않는 도시 사람들 때문에 도시 한복판에서 점차 사라지고 근교로 옮겨가는 낡은 레알처럼, 양파 수프 역시 점차 우리의 식탁을 떠나가고 있다. 고된 노동과 파티의 만남, 작은 바와 레스토랑의 활기, 모든 것이 가능할 것 같았던 젊은 날의 상징, 양파 수프.
그 시절의 추억을 고스란히 담고 있어서 그런지 점차 사라져가는 이 소박한 음식의 뒷모습이 나는 슬프다.

양파 수프 *Soupe à l'oignon*

비스트로 전통의 대표적인 수프로서 간단한 요깃거리는 물론 숙취 해소에도 좋다.
양파와 닭고기 육수에서 우러나는 소박하고 깊은 맛이 일품이다.

양파를 다진다.

양파가 금갈색이 될 때까지 볶는다.

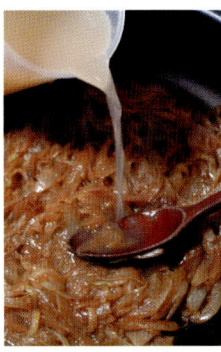
녹말가루와 닭고기 육수를 붓는다.

한 번 끓인 뒤 약한 불에서 20분 동안 더 끓이면 완성이다.

이렇게 만드세요

1. 양파는 껍질을 벗겨서 1밀리미터 두께로 다진다.
2. 뜨겁게 달군 프라이팬에 올리브유를 붓고 양파가 금갈색을 띨 때까지 3분 동안 계속 저으며 볶은 후, 버터와 소금, 후추를 넣는다. 양파를 볶을 때는 거의 탈 때까지 볶는 것이 좋다. 이렇게 해야 양파의 맛있는 성분이 잘 우러나와 수프에 맛이 잘 든다.
3. 물 1리터를 붓고 녹말가루와 닭 육수분을 넣는다. 끓어오르면 불을 줄이고 20분간 더 끓인다. 육수분이 없다면 닭고기로 진하게 육수를 우려내 사용해도 된다.
4. 양파 수프에 크루통을 곁들이면 제격이다. 크루통은 우선, 바게트를 5밀리미터 두께로 두텁게 잘라 그릴에 넣어서 노릇노릇해질 때까지 굽는다.
5. 그렇게 구운 빵 한가운데 각각 치즈를 적당량 올린 후 3분간 그릴에서 구우면 완성이다.
6. 양파 수프와 크루통을 각각의 접시에 담는다. 따뜻할 때 먹어야 맛있다.

재료(4인분)

양파 중간 것 15개
올리브유 2수프스푼
버터 3수프스푼
녹말가루 1수프스푼
닭 육수분 1개
물 1리터
검은 통후추 1티스푼
소금 1수프스푼

크루통
바게트 1개
치즈가루 20수프스푼

도구

프라이팬   작은 칼
큰 팬   도마
나무주걱
그릴(토스터) 혹은 오븐

비용 🍎 | 시간 🍎 | 난이도 🍎   TIP → 78쪽

Soupe de légumes paysanne

프랑스의 수프는 한국의 '밥' 처럼 '식사' 의 대명사이고,
'수프 값을 벌다' 는 '생계를 유지하다' 는 뜻이다.
그만큼 프랑스에서 수프는 빼놓을 수 없는 음식이란 이야기다.

추억과 더불어 먹는 소박한 수프 한 그릇
전통식 야채 수프

Soupe de légumes paysanne

어린 시절의 긴긴 겨울 오후, 보르도의 서글픈 금빛 햇살, 대서양 연안의 끝도 없는 장마철. 야채 수프의 구수한 냄새만 맡아도 수많은 추억들이 떠오른다. 보르도에서 살던 어린 시절, 나는 아파서 학교에 가지 않는 날이나 휴일에는 할머니와 오랜 시간을 보냈다. 할머니 댁 정원에는 동백과 데이지가 가득 피어 있었고 늙은 목련나무 한 그루와 연못이 있었다. 젊은 시절에는 침팬지를 키울 정도로 독특한 동물을 좋아하신 할머니 덕에 정원에는 늘 거북이, 애완용 닭, 고슴도치 등이 돌아다녔다. 집 안에는 흰색 염주비둘기 두 마리가 부엌을 푸드덕거리며 날아다니다가 할머니 머리 위에 내려앉곤 했다.

자유롭고 행복했던 시절이었다. 무엇보다 점심 무렵이 되면 맛있는 냄새가 집 안에 가득했다. 할머니는 온갖 음식들을 다 만들어주셨는데, 그중에서도 특히 기억에 남는 것은 야채 수프다.

야채 수프는 아주 소박한 음식으로 어쩌면 프랑스에서 가장 흔한 음식으로 꼽힐 만큼 익숙하다. 먹을 것이 별로 없어서 베이컨과 빵 한 조각에 수프로 저녁끼니를 때우던 가난한 농부들의 음식이기도 하다. 프랑스의 수프는 그래서 한국의 '밥'처럼 '식사'의

대명사이기도 하며, 프랑스어로 '수프 값을 벌다'는 '생계를 유지하다'는 뜻으로 쓰인다.

한국의 김치가 지역마다 조금씩 다르듯이 수프 역시 지역마다 만드는 법이 다 다르며, 장소와 계절에 따라 들어가는 야채도 달라진다. 하지만 기본은 항상 똑같다. 당근, 감자, 파, 순무, 양파, 콩 등을 장시간 물에 끓여서 진한 국물로 우려낸다.

수프는 영양이 풍부해서 추운 겨울에 좋은 음식이다. 다른 나라와 달리 프랑스 사람들은 여름에 수프를 먹지 않는다. 수프는 추운 계절에만 먹는 음식인데, 일단 겨울만 되면 거의 매일 먹는다. 끓여놓은 수프가 남아도 걱정하지 않는다. 익은 야채는 다른 요리의 가니시로 쓰거나 샐러드로 차게 먹어도 맛있으니까.

할머니가 만들어주신 여러 가지 음식 중에서 특히 야채 수프가 기억에 남은 것은 왜일까. 이유는 여러 가지가 있겠지만 가장 큰 이유는 아마도 집 안에 감돌던 그 특유의 냄새 때문이 아닐까. 수프는 몇 시간이고 아주 천천히 오래 끓여야 하기 때문에 각종 야채의 강렬하고 구수한 냄새가 온 집 안에 가득 찬다. 그래서 그 맛은 잊을지라도 그 냄새는 쉽사리 잊혀지지 않는 것 같다. 그리고 우습지만 그때는 내가 야채 수프를 그다지 좋아하지 않았기 때문에 더 기억에 남아 있는 것인지도 모른다. 무엇을 넣고 끓이느냐에 따라 수프 색깔이 달라지기도 한다. 당근은 오렌지색, 파는 초록색, 감자는 노란색 등등으로.

부모님에게서 이런 말을 들어보지 않은 프랑스 아이들이 있을까.

"수프를 다 먹지 않으면 디저트는 없다!"

"수프를 먹어야 어른이 되지!"

저녁식사는 보통 수프로 시작했는데, 모든 사람이 수프가 몸에 좋다고 생각하기 때문에 아이들에게는 피할 수 없는 '악몽'이기도 하다. 특히 어린 내게 야채 수프는 아플 때 먹어야 하는 '밍밍한' 음식이었다. 게다가 할머니는 수프 위에 내가 싫어하는 알파벳이나 작은 동물 모양의 버미첼리(국수 이름)를 부어주곤 하셨으니 더더욱 좋아할 수가 없었다.

수프는 그 자체가 시골음식이다. 수프를 먹을 때는 옛날처럼 커다란 냄비를 통째로 테이블 위에 올려놓고 국자로 손님들에게 퍼준다. 야채로 우려낸 국물에 야채조각이

둥둥 떠 있는데 맛을 더욱 진하게 하려면 버터를 넣는다. 그리 점잖은 방법은 아니지만, 가족끼리 먹을 때는 빵조각을 잘라서 수프에 넣어먹기도 한다. 우리 고향의 나이 든 사람들은 와인을 넣어먹으면 건강에 좋다고 생각해서 끝에 레드 와인을 약간 넣어먹기도 했다.

프랑스의 많은 요리들처럼, 수프 역시 시골 사람들만 먹는 음식이었다가 17세기 루이 14세 시절에 와서야 시골음식이라는 꼬리표를 떼어냈다. 루이 14세는 1678년 베르사유 궁에 '왕의 야채정원'을 만들 정도로 야채를 좋아했다. 그리고 자신의 농장 관리인 장 드 라 퀸티니를 시켜 세련된(?) 야채를 재배하도록 했다. 이렇게 재배된 야채는 궁정요리사의 손을 거쳐 새로운 요리법으로 탄생했다.

포타주(potage: 농도가 짙어 걸쭉하고 불투명한 수프), 크렘(crèmes: 크림 수프), 벨루테(veloutés: 고기와 야채를 끓인 물에 밀가루와 버터를 볶아넣은 수프), 콩소메(consommés: 저온에 오래 끓인 맑은 수프) 등등. 원래의 시골식 수프에서 좀더 세련된 스타일의 수프들은 궁정을 출입하던 귀족들의 테이블에도 자연스럽게 등장하기 시작했으며, 이후 부르주아지의 메뉴로 널리 알려졌다. 특히 포타주는 19세기가 되자 유럽 각지의 부르주아지 식탁에 애피타이저로 등장하게 되었다. 프랑스에만 450여 종이 넘는 전통 요리법이 있다는 말이 있을 정도이고, 때로 저녁 한 끼에 2~5종의 수프가 나올 때도 있었다.

칼로리가 낮은 야채의 모든 영양소를 액체 상태로 내놓는 수프는 애피타이저로 완벽한 음식이다. '오늘의 수프'가 없는 비스트로 메뉴는 상상할 수가 없다.
직장 때문에 요리할 시간이 없는 요즘 여성들은 이제 이런 수프를 만들지 않고, 젊은이들은 트렌디하고 세련된 레시피를 선호하는 경향이 있다. 그렇지만 그들의 가슴 어딘가에도 이 소박한 음식에 대한 애정은 분명히 자리잡고 있을 것이다. 어린 시절 나에게 수프는 피하고 싶은 짐이었지만, 나이를 먹으면서 점점 수프가 좋아지기 시작한 것처럼 말이다.

전통식 야채 수프 *Soupe de légumes paysanne*

프랑스의 모든 가정에서 먹는 기본적인 수프. 요리방법이 간단해서
초보자도 쉽게 만들 수 있다.

각종 야채를 깍둑썰기한다.　　야채를 버터에 볶는다.　　물과 육수분을 넣고 끓인다.　　따뜻한 상태로 내놓는다.

이렇게 만드세요

1. 당근, 셀러리, 순무, 감자, 양파, 대파를 가로세로 1센티미터 크기로 썬다.
2. 큰 팬에 버터를 녹인 후 야채를 1~2분간 볶는다(완두콩은 색깔이 변하기 때문에 제외한다).
3. 물 1리터를 붓고 야채 육수분과 소금, 후추를 넣은 후 잘 젓는다.
4. 10분간 중간불에서 끓이다가 완두콩을 넣고 3~4분 더 끓이면 완성이다. 육수분이 없으면 야채를 끓여 만든 육수를 사용해도 된다.

재료(4인분)

당근 큰 것 1개
셀러리 2대
감자 큰 것 1개
양파 작은 것 1개
순무 1/2개
대파 1대
버터 2수프스푼
완두콩 3/4컵
야채 육수분 1개
물 1리터
소금, 검은 통후추 빻은 것 약간

도구

작은 칼　도마
큰 팬　수프 그릇
나무주걱

비용 🍎 | 시간 🍎🍎 | 난이도 🍎　TIP…▶ 78쪽

Soupe de poisson marseillaise

가난한 어부들은 하루의 고기잡이를 끝낸 후 해변에서 간단한 수프를 만들어 먹곤 했다. 냄비에 바닷물을 가득 채우고 팔지 못하는 물고기를 몽땅 넣어 끓인 것이다. 이것이 오늘날 마르세유식 생선 수프의 원조다.

수프 한 접시에 담긴 프로방스

마르세유식 생선 수프

마르세유! 어린 시절 그 이름은 내게 마법과 같았다. 중학교에 입학하자 프랑스 어 선생님께서는 마르셀 파뇰의 소설 두 권, 『아버지의 영광』(La Gloire de mon Père)과 『어머니의 성』(Le Château de ma Mère)을 교재로 수업을 하셨다. 파뇰은 한국 독자들에게는 영화 「마농의 샘」 「마르셀의 여름」 「마르셀의 추억」의 원작자로 널리 알려진 것 같다. 그는 마르세유 근방에서 태어난 작가로, 이 두 권의 책은 휴가 때마다 가족과 함께 마르세유 근교의 작은 마을로 놀러가던 어린 시절의 추억을 모은 자전적인 소설이다. 시골길을 친구와 함께 오랫동안 산책하던 일, 자연과 생명에 대한 발견 등 소설 속은 완벽한 십대의 세계였다.

일 년 동안 주인공 마르셀의 모험과 추억에 푹 빠져든 나는 마침내 마르세유에 직접 가보게 되었다. 선생님께서 여름방학이 시작되기 전에 우리 반 전부를 데리고 마르세유로 소풍을 간 것이다. 우리는 책에 나온 모든 곳을 둘러보았다. 파뇰의 생가와 여름별장, 심지어 소설에서 묘사된, 사람이 없는 성까지 거닐었다. 이것이 마르세유와의 첫 만남이었다.

이후 여러 번 다시 가봤지만, 그때 그 여름방학에 갔던 때가 가장 멋진 여행이었다.

소설과 현실이 어떻게 다른지 직접 느껴보는 것도 재미있었고 소설의 내용 말고는 아무것도 몰랐기 때문에 전혀 기대하지 않았던 그곳의 장엄함에 놀라기도 했다. 보르도 출신의 십대 아이들이었던 나와 친구들에게 마르세유는 마치 외국 같았다.

지중해를 바라보는 유서 깊은 항구도시 마르세유는 프로방스 지방의 중심이다. 기원전 6세기 그리스 포카이아인이 정착해 항구를 건설한 이래로 고대 프로빙키아Provincia, 즉 로마 제국의 갈리아 식민지의 주요 도시 가운데 하나가 되었다(이리하여 오늘날까지 이 지방이 '프로방스'Provence로 불리고 있는 것이다).
마르세유는 오랜 옛날부터 항구이자 어장이었으며 종교 및 문화 중심지였고, 지역 경제에도 중요한 역할을 담당했다. 또한 지중해를 통해 동방에서 수많은 사람과 물자가 들어오던 관문이기도 했다. 이곳은 중세 십자군전쟁 이후로 본격적인 활기를 띠기 시작했다. 식민지 시대부터 잘 개발된 곳이기 때문에, 아프리카에서 미국으로 가던 노예들이 거처하던 서글픈 판잣집이 오늘날까지도 남아 있다. 실크로드를 통해 이국적인 향신료와 물자들이 프랑스로 들어오는 입구이기도 했으며, 1869년 수에즈 운하가 개통된 뒤로는 중국, 인도 등지에서 배가 직접 들어오기도 했다. 수많은 유럽인을 희생시킨 악명높은 중세의 페스트가 유럽 대륙에 상륙한 곳도 여기였다. 그뿐 아니라 종교적인 카드 '타로' 등과 같이 재미있는 물건도 여기를 통해 유럽에 전해졌다. 유명한 '마르세유의 타로'는 집시들이 인도에서 가져온 것으로 처음에는 미래를 점치는 데 쓰이다가 이후 단순한 카드게임으로 발전했다. 이 카드에 나오는 왕 4명이 원래 고대 인도신화에 등장하는 4명의 천신Deva이었다면 믿어지시는지? 마르세유는 이 카드놀이로 유명하며 특히 블롯belote은 마르셀 파뇰 원작의 영화에 잘 묘사되어 있다.

어느 지방이나 나름대로의 분위기와 독특한 지방색이 있게 마련이다. 마르세유는 앞에서도 말했듯이 프로방스 지방의 중심이며 항구도시이기 때문에 특히 프랑스 북부와는 분위기가 정말 다르다.
뜨거운 열기가 도시를 뒤덮는 기나긴 오후가 되면 마르세유의 가게들은 대부분 문을 닫는다. 이런 모습은 마르세유에서만 볼 수 있는 건 아니다. 아직도 프랑스의 많은 마을에는 이런 풍습이 남아 있다. 점심을 먹은 뒤에는 집 안을 시원하게 하기 위해 나무 셔터를 내리고 한낮의 더위와 무료함을 잊기 위해 낮잠을 한숨 잔다. 혹은 이웃들과 카드놀이를 하며 잡담을 나누고 필요하면 '싸움'을 하기도 한다.

오래된 항구에 있는 카페(안타깝게도 전쟁 중에 독일군에 의해 일부가 파괴된 뒤 현대적인 공간으로 재건축되어 예전 모습 그대로 남아 있지는 않다)는 사람들이 즐겨 어울리는 공간이다. 마르세유 사람들은 이곳에 모여 이웃이나 친구들과 함께 파스티스Pastis라는 아페리티프를 즐겨 마신다. 파스티스는 리카르Ricard, 페르노Pernod 등 여러 가지 브랜드명으로 알려져 있는데 스타아니스를 기본으로 한 노란색 술로 강렬한 약냄새가 풍긴다. 얼음과 물을 타서 강한 맛을 희석시키면 불투명한 계란색으로 바뀌는데 맛이 참 독특하다. 많은 사람들이 즐기는 술이라 파스티스는 마르세유뿐만 아니라 남부의 느긋한 생활습관의 상징이 되었다.

마르세유 지방 사람들은 억양이 강한 것으로 유명하다. 한국의 부산 사람과 비슷하다고 할 수 있을 것이다. 남부 지방 사람들이 다 그렇지만 시끄럽고 성격이 급하다고 알려져 있다. 이야기하는 것을 좋아하는데, 그 이야기가 사실이냐 아니냐는 별로 중요하지 않다. 어쨌든 이야기를 하는 것, 그것이 가장 중요하다.

프로방스 지방은 프랑스 북부와는 문화가 현저히 다르다. 마르셀 파뇰이 소설에서 썼듯이, 최근까지도 마르세유 사람들은 아비뇽 북부, 즉 리옹 같은 지방이나 파리 사람은 외국인 같다는 생각을 하고 있다. 프랑스의 지역주의가 얼마나 깊이 자리잡고 있는지 보여주는 예라고 할 수 있다. 지역주의는 한국에만 있는 것이 아니다.

사실 프랑스 북부와 남부는 모든 것이 너무나 다르긴 하다. 날씨도 일 년 대부분 매우 건조하고 뜨거우며 알프스 너머에서 불어오는 바람이나 미스트랄처럼 강한 바람이 분다. 풍경도 다르다. 알프스 산맥 또는 알프스의 작은 산맥 알필Alpilles 가까이에는 나지막한 석회암 언덕이나 산이 많다. 험한 절벽이나 고원 같은 멋진 경치가 끝없이 펼쳐지지만 물이 귀하다.

이런 풍경은 영화로 만들어져 한국에서도 개봉된 파뇰의 다른 소설 『마농의 샘』에도 잘 묘사되어 있다. 이런 경치는 화가 세잔이나 작가 알퐁스 도데 같은 수많은 예술가에게 영감을 주었다. 식물은 소나무와 올리브나무, 유칼립투스가 많으며 라벤더, 타라곤,

타임 등의 향기로운 허브도 많이 자란다. 그라스라는 도시는 근방에서 자라는 수많은 꽃에서 추출한 향수로 이름이 높다.

오늘날 프로방스 음식이 전 세계적으로 유명해진 것도 놀랄 일은 아니다. 이탈리아와 인접해 있기 때문에 프로방스 음식은 이탈리아 음식과 비슷하며 재료 역시 거의 같다. 올리브유도 듬뿍 사용하고, 기본 재료로는 마늘, 양파, 토마토, 허브 등이 있다. 또한 바다와 인접해 검은 올리브와 안초비 페이스트인 타프나드 등을 즐겨 사용하기도 한다. 이것은 몸에 좋고 담백하며 맛이 좋아서 누구 입맛에나 잘 맞는다.
피살라디에르pissaladière라는 프로방스식 피자도 있는데 얇은 밀가루 반죽에 양파와 검은 올리브, 안초비를 듬뿍 얹은 피자다. 마르세유 사람들은 물론 자기네 피자가 원조라며 이탈리아 피자는 표절이라고 이야기하기도 한다.
하지만 뭐니뭐니해도 마르세유에서 가장 유명한 음식은 생선 수프의 원조인 부야베스bouillabaisse다. 수많은 음식들이 그렇지만, 부야베스 역시 처음에는 아주 소박한 음식이었다. 이 지역의 가난한 어부들은 하루의 고기잡이를 끝낸 후 해변에서 간단한 수프를 만들어 먹곤 했다. 냄비에 바닷물을 가득 채우고 팔지 못하는 물고기를 몽땅 넣어 끓인 것이다. 다 끓으면 접시에 마늘을 바른 크루통을 담고 그 위에 수프를 부어 먹었다.
국물을 다 먹고 나면 생선에 루유(rouille: 사프란과 마늘 등이 들어간 마요네즈) 또는 아이올리(aioli: 향이 매우 강한 마늘 마요네즈)를 뿌려 먹었다. 이것이 오늘날 부야베스의 원조다. 이후 부르주아지들은 바닷물 대신 생선으로 만든 육수에 여러 종류의 생선과 토마토를 넣어 끓여 먹었다.
이 요리가 유명해지자 워낙 여러 지역에서 모방을 많이 하고 변종도 많이 생겨서 1980년대에는 마르세유 레스토랑 주인들이 모여 '부야베스 차트'라는 것을 만들기도 했다. 이 차트를 따르는 레스토랑에서는 특별한 요리법을 고수한다. 적어도 네 마리의 각각 다른 생선을 함께 사용하며, 손님마다 이 생선을 모두 다 한 접시에 내놓는 것이다. 부야베스에는 새우나 홍합 등의 다른 어패류는 들어가지 않는다. 그러니 마르세유 여행을 갈 일이 생기거든 이런 기준에 맞춰 식당을 고르면 좋을 것이다.

오래된 항구, 따뜻한 저녁 공기를 타고 흐르는 부야베스의 진한 향과 파스티스의 맛!
아, 부야베스라는 이름의 기원을 알아두면 만들어 먹는 데 도움이 될 지도 모르겠다.
'부야베스'는 프로방스의 옛 속담 '수프가 끓으면 불을 줄여라' quand ça bouille tu
baisses에서 나온 이름이다. 불을 줄이지 않으면 뚜껑을 열었을 때 냄비에는
생선조각밖에 남아 있지 않을 거란 말이다.

마르세유식 생선 수프 *Soupe de poisson marseillaise*

매우 유명한 생선 수프로 부야베스의 원조 레시피다.
요리 과정은 다소 복잡하지만 영양이 풍부하고 건강에 좋다.

생선은 비늘과 내장을 제거한 뒤 깨끗이 씻는다.

생선과 뼈 등을 한데 구워준다.

각종 야채와 허브, 육수를 붓고 끓인다.

끓인 재료를 블렌더로 곱게 간다.

체에 내린 후 농도를 체크한다.

이렇게 만드세요

1 생선은 비늘을 벗기고 내장을 제거한 뒤 깨끗이 씻는다. 머리는 자르지 말고 두뇌 아가미는 떼어낸 후 토막낸다. 게와 생선뼈 등을 적당히 잘라 손질하고 깨끗이 씻는다.

2 양파, 셀러리, 마늘을 씻고 껍질을 벗겨 6등분으로 잘라 냉장고에 보관한다.

3 큰 팬에 물 2리터와 야채 육수분 2개로 육수를 만들고 여기에 토마토 페이스트를 섞는다.

4 프라이팬에 올리브유를 두르고 생선과 게, 생선뼈를 볶는다. 색깔이 변할 때까지 저으며 볶은 후 이를 3번의 큰 팬에 넣는다.

5 남은 가니시 재료와 2번의 야채 모두 3번의 팬에 넣는다.

6 끓어오를 때까지 센 불에서 끓인다. 한 번 끓으면 불을 줄여 30분간 은근한 불에 더 끓이다가 파스티스를 붓는다.

7 지금까지 끓인 재료를 블렌더에서 곱게 갈아 체에 내린다.

8 소금과 후추로 간을 보고 물기를 체크한다. 너무 묽으면 중간불에서 저으며 한 번 더 끓여 적당히 되직하게 만든다.

9 따뜻한 상태에서 크루통, 에멘탈 치즈, 루유 마요네즈 등을 곁들여 먹는다.

비용 🍎 | 시간 🍎🍎🍎 | 난이도 🍎🍎 | TIP → 78쪽

재료(6인분)

돛새치, 도미, 우럭, 쏨뱅이 등 생선 각 1마리(생선 전체 무게는 800그램 정도가 적당하다)
게 200그램짜리 3마리
생선뼈 600그램
올리브유 3수프스푼

가니시
양파 2개   마늘 4쪽
셀러리 1대   야채 육수분 2개
물 2리터
토마토 페이스트 3수프스푼
페넬 씨앗 1수프스푼
타임 1줄기   로즈마리 1줄기
스타아니스 1개
사프란 1그램
파스티스 1수프스푼
소금, 검은 후추 약간

도구
작은 칼   도마
큰 팬   프라이팬
나무주걱   체
블렌더(프로세서)

양파 수프

1. 눈물을 흘리지 않고 양파껍질 벗기는 법…양파껍질을 벗길 때 눈물이 나는 것은 양파즙의 입자가 공기를 타고 눈에 들어가기 때문이다. 이럴 때는 흐르는 물 아래서 양파껍질을 벗기면 된다. 가장 간단한 방법은 정말로 날이 잘 선, 매우 잘 드는 칼로 빨리 벗기는 것이다.
2. 소믈리에의 팁…양파 수프는 전형적인 비스트로 음식이므로, 보졸레(보졸레 누보는 너무 도수가 낮고 달아서 이 음식과는 잘 어울리지 않는다)나 코트 뒤 론 루주 Côtes du Rhône rouge 등 리옹 지방에서 생산되는 단순하고 과일향이 나는 와인을 곁들인다.
3. 그라탕 수프…양파 수프를 그라탕으로 만들 수도 있다. 방법은 간단하다. 뜨거운 수프를 한국의 뚝배기 같은 도기 보울에 붓고, 굵게 갈아놓은 치즈를 위에 잔뜩 뿌린 다음 치즈가 녹아서 멋진 금빛이 될 때까지 그릴에서 몇 분간 익히면 된다. 그렇다면 어떤 치즈가 좋을까? 전통적으로는 에멘탈 치즈나 그뤼에르 치즈가 사용된다. 요즘은 대형슈퍼마켓에서 쉽게 구할 수 있으며 피자 치즈보다 비싸지만 맛이나 녹는 상태는 훨씬 좋다.

전통식 야채 수프

1. 육수 큐브…슈퍼마켓이나 수입식품점에서 다양한 육수 재료를 구할 수 있다. 큐브나 가루 제품, 야채 육수, 닭고기 육수, 생선 육수, 허브 육수, 쇠고기 육수, 송아지 육수 등등. 직접 육수를 만들 시간이 없을 때 유용하다.
2. 육수 만들기…닭고기나 쇠고기로 만들 때는 살코기와 뼈를 같이 물에 넣고 양파 한 개, 허브(월계수잎, 타임, 타라곤 등), 소금, 후추, 얇게 썬 당근과 함께 진하게 끓인다. 작은 플라스틱 통이나 비닐팩에 담아 사용할 만큼 나눠서 냉동실에 보관한다.
3. 접대…수프에 크림이나 치즈 가루(에멘탈, 파르미지아노, 그뤼에르 등), 크루통을 넣으면 더욱 맛이 좋다. 작은 접시에 따로 담아 손님들이 직접 원하는 만큼 넣을 수 있도록 한다.
4. 버터 사용법…음식에 독특한 풍미를 더해주는 버터는 통념과 달리 건강에 그렇게 나쁘지 않다. 콜레스테롤이 많기는 하지만 비타민 A가 풍부하며 하루에 10~30그램 정도는 건강에 문제가 없다. 하지만 몇 가지 지켜야 할 점이 있다. 버터를 지나치게 익히면 짙은 갈색으로 변하는데 이는 복통을 유발할 수 있으니 주의해야 한다.
버터로 요리할 때는 엷은 갈색보다 더 진해지면 안 되며, 저온에서 장시간 요리하는 것이 가장 좋다. 육류나 생선처럼 고온에서 조리해야 하는 음식에 버터를 사용할 때는 색이 변하면 따라버린 후, 새로 버터를 두르고 요리를 마무리하는 것이 좋다. 혹은 식용유로 먼저 노릇노릇하게 구운 후 기름을 따라버리고, 마지막에 버터를 사용해도 된다.

마르세유식 생선 수프

1. 루유 La rouille…마르세유 지방에서는 생선 수프에 치즈 가루, 통마늘로 문지른 크루통, 그리고 '루유'가 같이 나온다. 루유란 오렌지 향이 나는 소스로 마요네즈에 다진 마늘, 토마토 페이스트, 사프란을 넣고 섞으면 된다. 간혹 고춧가루나 타바스코 가루를 넣기도 한다.
2. 소믈리에의 팁…프로방스 지방에서 생산된 드라이 화이트 와인이나 로제 와인을 곁들인다. 구하기 힘들면 타벨 로제 Tavel rosé나 코트 뒤 론(화이트나 로제)을 써도 좋다. 어떤 와인을 고르든 차갑게 해서 마실 것.

Hors-d'œuvre et Salade

애피타이저와 샐러드

타르틴 *Tartines*

리옹식 감자와 소시지 샐러드 *Salade lyonnaise*

치즈와 시금치를 곁들인 달걀 *Oeufs capucine*

Tartines

아페리티프는 바쁜 하루 일과와 휴식 시간 사이를 가로지르는 경계선이다. 두 시간을 구분 짓는 통과의례 같은 것이다. 그날의 문제와 근심걱정을 잊고, 사람들과 함께 먹고 이야기하는 분위기를 만들어가는 데 꼭 필요하다.

밤의 문을 여는 아페리티프 전통
타르틴

저녁 7시나 8시쯤이다. 태양은 느릿느릿 지고 있고, 점점 허기가 느껴진다. 공기 중에는 뭔가 가벼운 느낌이 떠돌고, 하루 일과가 끝난 홀가분함과 저녁 시간에 대한 기대로 묘하게 흥분이 되는 시간. 이럴 때는 곧잘 마음 맞는 친구들과 만나 함께 식당으로 간다. 하지만 식사를 시작하기 전에 일단 프랑스 의식 한 가지는 피할 수 없다. 바로 '아페리티프'apéritif 혹은 속어로 '아페로'apéro이다.

아페리티프의 어원은 '열다'라는 뜻의 라틴어 동사다. 그러므로 아페리티프는 식사를 하기 전에 식욕이나 소화를 '열기' 위해 마시는 달콤한 술이나 와인을 뜻한다. 물론 과학적으로는 근거가 없는 이야기다. 알코올과 설탕은 그 정반대 작용을 하기 때문이다. 특히 아페리티프와 함께 카나페나 땅콩처럼 열량이 높은 간식을 곁들일 때는 더욱 그렇다. 하지만 적어도 심리적으로는 만족감을 주기 때문에 긍정적인 효과가 없는 것도 아니다.

요즘도 프랑스에서는 아페리티프를 흔히 마신다. 한국에서 10년을 산 나조차도 친구들과 식사를 하기 전에 술 한 잔이 없다면 실망스럽다. 먼저 식사를 하고 배가 부를 때 술을 마시는 한국인의 습관과는 정반대다. 이는 음주문화에 대한 기본적인 생각

자체가 다르기 때문이다.

아페리티프를 마시는 진짜 이유는 생리적인 것뿐만이 아니다. 친구들과 저녁을 먹거나 가족과 점심을 먹기 전, 새로 만난 사람들과 식사를 하기 전, 아페리티프는 심리적이고 사회적인 역할을 한다. 바쁜 하루 일과와 휴식 시간 사이를 가로지르는 경계선이자, 두 시간을 구분짓는 통과의례 같은 것이다. 다시 말해서 아페리티프를 마시는 것으로 프랑스 사랑들은 그날의 문제와 근심걱정을 잊고, 즐겁게 함께 먹고 이야기하는 분위기를 만들어가는 것이다. 때문에 혼자 마시는 술은 아페리티프라 부를 수 없다.

사회학적으로 볼 때 아페리티프는 식사를 함께 하는 사람들과 서로 익숙해지는 시간이다. 프랑스에서는 식사 초대를 주고 받는 일이 매우 흔하다. 프랑스인은 식사 자리를 마련해서 자기 친구들끼리 서로 얼굴을 익히게 하는 것을 좋아한다. 재미있게 화제를 나눌 수 있는 적당한 사람들을 골라 초대하는 것도 주인 입장에서 보면 대단한 기술에 속한다.

모르는 사람끼리 잘 어울리기란 쉽지 않다. 그래서, 앉는 법부터 행동하는 법까지 격식을 갖춰야 하는 식탁 앞에서 곧장 마주치게 하지 않고, 일단은 거실이나 테라스, 정원에 모여 술 한 잔을 마신다. 이때 손님들은 작은 그룹으로 쪼개져서 자기소개를 하고 인사를 나누며 대화를 통해 상대방을 알아간다. 그동안 여주인은 식사 준비를 마무리한다. 이런 만남이 워낙 흔하기 때문에, 음식을 준비할 시간이 없거나 집이 너무 작을 때는 집에서 조촐한 '아페리티프 파티'를 갖는 일도 많다. 안면을 익힌 후 미리 예약해둔 식당으로 옮기는 것이다. 메인 코스로 나올 음식에 대한 준비 과정인 애피타이저와 비슷하다고 보면 된다. 긴장을 풀고 식사 분위기에 적응하는 시간이기도 하다.

프랑스의 저녁식사와 점심식사는 한국의 전통예법과는 달리 사람들이 서로 이야기를 나누는 사회적인 시간이다. 이 자리에서 대화를 피하는 것은 무례한 일이다. 참석한 사람들은 위트를 발휘해서 대화에 활기를 불어넣고 재미있는 화제로 분위기를 돋울 의무가 있다.

"정말 재미있는 저녁이었어. 이야기도 즐거웠고."

"당신 친구들 참 좋네, 재미있는 사람들이야."

손님들이 떠날 때 하는 이런 칭찬은 주인에게는 음식의 맛 만큼이나 중요하다. 앞서 말했듯이 서로 어울리는 음식과 와인을 고르듯, 어울리는 사람들을 파티에 불러모으는 것도 주인의 기술이기 때문이다.

아페리티프는 샴페인 한 잔도 좋고, 단순한 와인 한 잔도 좋다. 와인일 경우는 차갑게 식힌 화이트나 로제 와인처럼 도수가 낮은 것이 적당하다.
취향이나 계절에 따라 맥주나 위스키, 진, 이탈리아식 마티니인 캄파리, 포트 와인을 선호하는 사람도 있다. 손님들에게 각자 좋아하는 술을 대접하기 위해서 집집마다 반쯤 찬 병이 잔뜩 들어 있는 아페리티프 술장을 갖추고 있는 경우가 많다.
하지만 집이 아니더라도 아페리티프는 어디서나 마실 수 있다. 카페 테라스에서, 레스토랑 바에서 친구를 기다리며, 연인이라면 다리 위에서 등등. 나는 해변에서 바다 저편으로 해가 지는 것을 바라보며 마시는 것을 가장 좋아한다.
법칙이나 의무 같은 것은 없다. 아페리티프는 축배를 들며 밤의 문을 열기 위한 술이니까. 물론 점심 식사 전이나 휴가, 휴일에 마실 수도 있다. 스트레스와 속도로 번잡한 현대 사회에서 빼놓을 수 없는 느슨한 의식.
"친구가 아페로를 한 잔 마시자고 해서 늦었어."
이런 말은 식사 시간에 늦었을 때 수많은 남편들이 즐겨 쓰는 변명거리이기도 하다.
한국에 안주가 있듯이 아페리티프에도 간식이 따라나온다. 흔히 빵 위에 온갖 먹을거리를 올린 토스트를 타르틴이라고 하는데, 아페리티프에 곁들이는 간식으로 자주 먹는다. 그 밖에도 차가운 살라미 소시지나 햄 몇 조각, 치즈를 넣은 작은 페이스트리, 올리브, 각종 견과류, 조개류, 생야채도 좋다. 집집마다 좋아하는 간단한 먹을거리를 같이 내면 된다. 오늘 저녁에는 간단한 타르틴을 곁들인 아페리티프 한 잔으로 밤의 문을 열어보는 것은 어떨까.

타르틴 *Tartines*

피망절임과 토마토 잼을 올린 토스트. 식사 전 아페리티프에 곁들이는
안주나 애피타이저로 그만이며 파티용 간식으로도 훌륭하다.

  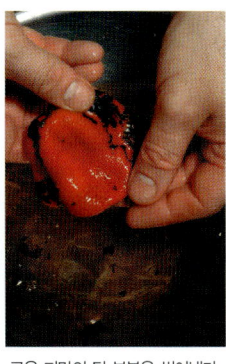  

데친 토마토는 얼음물에 담근다.	설탕이 갈색을 띠기 전에 나머지 재료를 넣는다.	구운 피망의 탄 부분은 씻어낸다.	피망을 각종 양념에 24시간 동안 재운다.	빵에 잼을 발라 타르틴을 완성한다.

이렇게 만드세요

1. 토마토 잼을 만들어보자. 토마토는 껍질을 벗기고 심을 제거한 후 끓는 물에 10~15초간 살짝 데친다. 국자로 떠내 얼음물에 넣어 식힌다.
2. 1번 토마토를 반으로 잘라 씨를 제거하고 잘게 다진다.
3. 프라이팬에 설탕을 넣고 중간불에 가열한다. 설탕이 갈색을 띠기 전에 다진 토마토와 토마토 페이스트, 소금을 넣는다. 중간불에서 5~6분에 한 번씩 저어주면서 걸쭉해질 때까지 20분간 끓인다.
4. 피망절임을 만들어보자. 피망과 파프리카를 불 위에서 4~5분에 한 번씩 뒤집어주면서 직접 굽는다. 껍질이 탈 때까지 구워야 한다. 찬물에 담가 탄 껍질을 제거한 다음 올리브유, 타임, 소금, 통후추, 얇게 저민 마늘을 넣은 그릇에 피망과 파프리카를 담근다. 소스가 잘 배도록 냉장고에 24시간 동안 보관한다.
5. 빵을 굽고 토마토 잼을 바른다. 피망절임은 길이대로 잘라 토마토 잼 위에 얹고, 노릇노릇하게 구운 베이컨도 올려보자. 이렇게 만들어진 음식이 타르틴이다. 타르틴을 삼각형 모양으로 잘라 샐러드와 함께 내놓는다.

비용 🌶🌶🌶 | 시간 🌶🌶 | 난이도 🌶 　TIP…▶100쪽

재료(4인분)

토마토 잼
토마토 6개
토마토 페이스트 2티스푼
소금 약간　설탕 1수프스푼

피망절임
홍피망 1개
노란 파프리카 1개
올리브유 2수프스푼
마늘 1/2쪽
타임 1줄기
월계수잎 2장
검정 통후추 1티스푼
소금 약간

호밀빵 8조각
베이컨 또는 말린 햄 8조각

도구

보울　　작은 칼
큰 팬　　국자
도마　　프라이팬
나무주걱

Salade lyonnaise

리옹의 비스트로는 '부숑'이라고 불리는데, 기원은 분명하지 않지만, 몇 세기 전 길가 식당에서 손님이 식사를 하는 동안 손님의 말을 마굿간에 끌고 가서 '부숑'이라는 짚으로 깨끗이 씻어주는 독특한 서비스에서 유래했다고 전해진다.

리옹에서 만나는 부숑과 보졸레 와인
리옹식 감자와 소시지 샐러드

프랑스에서 파리를 제외하고 비스트로가 가장 유명한 곳은 리옹이다. 리옹에는 긴 역사를 자랑하는 비스트로 문화가 있으며, 비스트로의 영혼을 느끼려면 리옹으로 가라는 말도 있다. 로마 제국 갈리아 식민지의 수도이기도 했던 이 유서 깊은 대도시는 음식문화 역시 역사가 길며, 그래서인지 최고의 요리사 중에는 이곳 출신이 많다.

리옹의 비스트로는 '부숑' bouchon이라고 불리는데, 이는 프랑스 어로 '뚜껑 또는 코르크'를 의미하기도 한다. 이런 이름이 붙은 기원은 분명하지 않지만, 몇 세기 전 길가 식당에서 손님이 식사를 하는 동안 손님의 말을 마굿간에 끌고 가서 '부숑'이라는 짚으로 깨끗이 씻어주는 독특한 서비스를 했다고 한다. 식당마다 이런 서비스가 있다는 것을 알리기 위해 현관문 위에 이 '부숑'을 매달아놓곤 했고, 여기에서 부숑이 길가 식당을 의미하게 되었다.

부숑은 비스트로와 마찬가지로 아침 일찍 문을 여는 작은 레스토랑이다. 소박하고 맛있으며 몸에 좋은 시골음식을 주로 하는데 돼지고기와 소시지를 사용한 요리가 많다. 따뜻한 소시지는 리옹의 명물이기도 하다.

부숑은 특히 다양한 샐러드로 유명하다. 청어와 따뜻한 감자 샐러드 같은 것은 리옹식 감자 샐러드와 함께 가장 유명한 레시피 중 하나다. 오늘날의 호텔 뷔페나 '타블 도트'(table d'hôte: 호텔이나 식당 등에서 여러 명의 손님이 함께 식사하는 정식용 큰 테이블)처럼, 손님은 커다란 보울에 담긴 샐러드를 직접 먹을 만큼 덜어먹었다. 한 가문에서 대를 이어 경영하는 경우가 많은 이런 식당은 평판과 주인의 성격이 매우 중요하다.

이런 분위기에 와인이 빠질 수 없다. 와인은 분위기를 화기애애하게 만드는 데 도움이 된다. 론 강 유역의 리옹은 포도밭으로 유명한 넓은 계곡에 자리잡고 있고, 특히 보졸레 지방과 가까워서, 보졸레 와인을 많이 마신다. 보졸레 와인은 가메gamay라는 포도로만 담그는데, 과일향과 맛이 강하고 색깔이 밝은 레드 와인이다. 소시지나 햄, 파테 등의 리옹 음식과 잘 어울린다.

도수가 낮고 과일향이 진하며 가격도 저렴해서 마시기에 부담이 없다. 이웃 동네 부르고뉴의 버건디 와인처럼 세련된 맛은 아니지만, 이 책에 나오는 여러 요리들과도 잘 어울리는 맛이다.

매년 초 출시되는 보졸레 누보는 워낙 관심이 집중된 탓인지 최근에는 비판도 많이 일고 있지만 전 세계적인 행사로 자리잡았기 때문에 아마 와인에 조금만 관심이 있는 사람이라면 누구나 들어보았을 것이다.

보졸레 누보가 시작된 곳이 바로 이 리옹이다. 이곳에서는 오래 전부터 몇 달 전에 빚은 햇포도주를 마시는 풍습이 있었다. 법적으로 프랑스 와인은 최소 생산년 12월 이전에는 팔지 못하도록 되어 있다. 하지만 특정 지역의 특정 와인에 대해서만은 한 달 전인 11월에 판매를 시작할 수 있도록 허가가 내려져 있다. 특별히 훌륭한 맛은 아니지만 새로운 계절을 축하하는 의미인 것이다. 보졸레 누보도 바로 이런 경우다. 보졸레 와인에 한해 11월 세 번째 목요일부터 햇포도주를 판매할 수 있는 특별허가를 내준 것을 보졸레 누보라고 하는데 그래서 이름이 보졸레 '누보'nouveau, 즉 '새' 와인이란 뜻이다.

리옹에서 뒤뵈프라는 와인 양조업자가 보졸레 누보 이벤트를 점점 크게 벌이면서 시작된 것이 이후 파리에 도착하면서 한 해의 거대한 행사로 발전했다. 요즘은 프랑스 전역에서 보졸레 누보를 즐기고 있으며, 이날만은 바나 비스트로, 심지어 길거리에서도 모든 사람이 똑같은 와인을 마시는 기쁨을 누린다. 이 행사는 이후 외국에도 알려지기 시작했고, 요즘은 한국에도 전해져 많은 사람들이 즐기고 있다.

그렇지만 원래 보졸레 누보가 대단한 와인은 아니다. 그저 이를 구실로 와인 양조 시즌이 끝난 것을 축하하는 대중적인 파티를 여는 것뿐이다. 프랑스에서는 비교적 싼 와인이기 때문에 누구나 쉽게 마실 수 있다. 하지만 이날을 위해 비행기로 와인을 공수해와야 하는 한국에서는 가격이 지나치게 비싼 감이 있으니, 왜 사람들이 비싼 데다 그다지 좋지도 않은 와인에 열광하는지 고개가 갸우뚱해진다.

물론 와인 자체의 질과 맛보다는 한 해를 마무리하고 길고 긴 겨울이 다가오는 것을 축하하는 단순한 의미로 받아들인다면야 나쁠 것까지는 없겠다.

그렇지만 주의할 것이 있다. 보졸레 누보는 꼭 다음 해 봄이 되기 전에 마셔야 한다. 다른 보졸레 와인들은 여러 해 동안 숙성시키면서 보관할 수 있지만 보졸레 누보는 반드시 봄이 오기 전, 겨울이 끝나기 전에 모두 마셔야 한다. 그렇지 않으면 식초로 돌변한다.

어쨌든, 리옹식 감자와 소시지 샐러드에 와인 한 잔을 곁들여 먹고 있노라면 리옹 시내 어느 부숑에 앉아 있는 기분을 느끼게 될 것이다.

리옹식 감자와 소시지 샐러드 *Salade lyonnaise*

반찬이나 피크닉 도시락으로 좋은 샐러드. 감자와 소시지 외에도
좋아하는 재료를 자유로이 섞을 수 있다.

감자를 찔 때는 허브를 넣어준다.

식초가 걸쭉해지면 옥수수유를 섞는다.

감자의 껍질을 벗긴다.

감자는 깍둑썰기한다.

샐러드에 드레싱을 부으면 완성이다.

이렇게 만드세요

1 감자를 껍질째 물에 넣고 소금, 후추, 타임, 월계수잎, 마늘을 넣은 후 중간불에 찐다. 감자의 크기에 따라 20~30분가량 조리한다. 젓가락 등으로 감자를 찔러보아 익었는지 확인한다. 끝까지 들어가면 잘 익은 것이다.

2 양파는 가로세로 1밀리미터 크기로 다진다.

3 파슬리를 씻은 후 다지고, 호두는 갈아놓는다.

4 드레싱을 만들어보자. 보울에 식초를 넣고 머스터드와 소금, 후추를 넣는다. 걸쭉해질 때까지 거품기로 휘저으며 옥수수유를 천천히 섞는다.

5 소시지를 끓는 물에 10분간 데친다.

6 1번의 감자껍질을 벗기고 5번의 데친 소시지를 가로세로 1센티미터로 깍둑썰기한다.

7 큰 샐러드 보울에 준비한 감자, 양파, 소시지, 파슬리, 갈아놓은 호두를 잘 버무려서 담고 드레싱을 뿌린다.

재료(4인분)

드레싱
옥수수유 4.5수프스푼
화이트 와인 식초 1수프스푼
디종 머스터드 1수프스푼
소금과 후추 약간

샐러드
감자 큰 것 3개
마늘 1쪽   파슬리 3송이
양파 2개   큰 소시지 4개
물 2리터   호두 15그램
월계수잎 1장 타임 1줄기
소금 1수프스푼
검정 통후추 약간

도구
큰 팬   작은 칼
나무주걱   거품기
도마   보울
큰 샐러드 보울

비용 🍎 | 시간 🍎 | 난이도 🍎   TIP 찾아보기 ⋯▸ 100쪽

Oeufs capucine

보통 프랑스식 아침식사는 가볍다. 하지만 브런치는 다르다. 신선한 햄, 달걀, 과일이나 야채 샐러드, 크레프, 수프, 길 건너 빵집에서 방금 사온 따뜻한 빵 등등. 이 많은 음식 가운데 달걀은 브런치의 특별 요리다.

일요일 아침처럼 느긋한 음식
치즈와 시금치를 곁들인 달걀

Oeufs capucine

일요일 아침. 어린 나는 남동생 줄리앙과 같이 자는 침대에서 잠을 깬다. 태양빛이 커튼 사이로 방 안에 새어들어온다. 나는 커다란 침대 위에서 기지개를 켜고 동생을 깨운다. 그럼 줄리앙은 이렇게 중얼거린다.

"더 잘래. 오늘은 일요일이잖아."

우리 집은 대부분의 프랑스 가정이 그렇듯이 공식적으로는 가톨릭이었지만, 일요일에 따로 교회에 가지는 않았다. 그래서 우리에게 일요일은 쉬면서 기도하는 성스러운 날이 아니었다. 성스러운 날이기는 했지만 기도를 해서 성스러운 게 아니라 그냥 쉬기 때문에 성스러웠다! 우리 가족의 일요일 첫 번째 규칙은 적어도 아침 10시까지는 절대로 일어나지 않는다는 것이었다.

줄리앙과 나는 그래서 늘 일요일 아침이면 늦게까지 침대에서 나오지 않았다. 때로는 정오 무렵까지. 당연히 진작 잠에서 깼지만 침대에서 나오지 않고 그 안에서 놀았다. 일요일 아침을 떠올리면 보르도의 친할아버지 할머니 방이 기억난다. 우리 할아버지 할머니는 같은 세대의 다른 어른들에 비해 굉장히 자유롭고 재미있는 분들이셨다. 일요일이면 아이들처럼 게으름을 피웠다. 두 분이 물려주신 것 가운데 하나가 이런 습관이고, 어느새 우리 집안의 전통이 되어버렸다. 그래서인지 지금까지도 우리는 일요일 아침이면 아무 일도 하지 않고 느릿느릿 움직인다. 아무 계획도 없이. 어쩌다 잠이 일찍 깨면 두 분은 우리 침대에 잠옷 차림으로 뛰어드셨다. 할아버지, 할머니, 그리고 어린 나와 동생 줄리앙 이렇게 우리 네 사람은 배고픔을 더 이상 참을 수 없을 때까지 강아지들과 함께 놀고 웃으며 한가한 일요일 아침의 여유를 기분좋게 만끽했다.

나는 지금도 그때 내 귓가에 울리던 할머니의 즐겁고 맑은 웃음소리를 기억하고 있다. 할머니는 할아버지가 하시는 농담이면 무조건 웃으셨지만, 나이가 든 지금 생각해보면 별로 대단치도 않은 얘기였다. 할머니가 웃었던 것은 할아버지의 농담이 대단해서가 아니었던 것 같다. 어쩌면 할머니는 그냥 행복하셨던 게 아닐까. 나른한 일요일 아침, 사랑하는 남편과 손자들과 함께 침대에 누워 있는 것이 그냥 행복하셨던 것은 아닌지. 그래서 그렇게 즐겁게 웃을 수 있었던 것이 아닐까.

할머니는 소중한 특기를 갖고 계셨다. 사랑하는 사람들의 삶을 더욱 아름답고 즐겁게 해주는 능력. 돌아가신 지 몇 해가 지났지만 나는 아직도 할머니의 즐거운 웃음소리를 잊지 못한다. 나와 우리 가족 모두에게 그 웃음은 정말 각별하다.

할머니는 무엇보다 우리에게 인생은 멋진 것으로 가꿀 수 있다는 것을 가르쳐주신 분이다. 지금까지 살아오면서 아무리 힘든 일이 닥치고 때로 인생이 하찮게 느껴질 때가 있어도, 나는 할머니를, 할머니의 낙관주의를 떠올리며 힘을 얻는다.

개인적인 이야기지만 우리 할머니 할아버지의 사랑 이야기를 하고 싶다. 젊은 시절, 할아버지는 번듯한 부르주아지 집안의 아들이었고, 할머니는 그리 변변치 못한 집안 출신으로 이미 의사인 남편을 두고 있었다. 할머니는 30대 초반, 할아버지는 고등학교를 막 졸업한 청년이었다. 그렇지만 두 분은 이 모든 사회적인 제약을 잊을 정도로 열렬한 사랑에 빠졌다고 한다. 그런데 할머니가 할아버지와의 사랑을 위해 이혼을 마음먹은 상황에서, 남편이 그만 세상을 떠나고 말았다. 이제 할머니는 젊은 미망인이 되었지만, 할아버지 집안에서는 사회적 지위도 보잘것없는 집안 출신에 나이도 많은 미망인과의 결혼을 당연히 반대했다. 하지만 두 분은 집안의 반대를

젊은 시절, 할아버지는 번듯한 부르주아지 집안의 아들이었고,

할머니는 그리 변변치 못한 집안 출신으로 이미 의사인 남편을 두고 있었다.

할머니는 30대 초반, 할아버지는 고등학교를 막 졸업한 청년이었다.

두 분은 이 모든 사회적인 제약을 잊을 정도로 열렬한 사랑에 빠졌다.

외면하고 결혼식을 올렸고, 노발대발하신 할아버지의 아버지는 할아버지의 상속권을 빼앗아가셨다.

결혼 이후 두 분은 생계를 잇기 위해 힘들게 일을 해야 했다. 할아버지는 파리의 이름난 학교에 재학 중이었지만, 아내와 갓 태어난 아기 때문에 일 년도 지나지 않아 자퇴를 해야 했다. 이렇게 힘들고 어렵게 살면서도 두 분은 50년 넘게 서로 사랑하는 것을 멈추지 않으셨다. 내게 할머니와 할아버지는 부부간의 사랑이 어떤 것인지 알려주는 좋은 본보기다.

느닷없이 할아버지 할머니 이야기를 길게 꺼낸 것을 양해해주시길. 하지만 두 분의 삶은 사실 이 책의 주제와도 연관이 있다. 내게 음식이란 삶의 모든 즐거움과, 그 뒤에 숨은 삶의 철학과 연관이 있기 때문이다. 이 철학은 그분들에서 물려받은 것이기도 하다.

이제 침대에서 뒹굴거리던 일요일 아침으로 돌아가보자. 마음껏 게으름을 피우고 나면 배가 고플 터. 이제 아침을 준비할 시간이다. 아니, 정오가 다 되었으니 아침 겸 점심, 즉 '브런치'라고 해야 할까. 보통 프랑스식 아침식사는 영국이나 독일에 비해 가볍다. 커피, 토스트, 잼 정도가 일반적이다. 하지만 브런치는 다르다.
신선한 햄, 달걀, 과일 샐러드, 크레프, 야채나 기타 여러 재료를 섞은 샐러드, 수프, 길 건너 빵집에서 방금 사온 따뜻한 빵과 크루아상 등등.
이 많은 음식 가운데 달걀은 브런치의 특별 요리다. 달걀을 요리하는 법은 여러 가지가 있지만 우리가 가장 좋아한 것은 치즈와 시금치를 곁들인 수란, 즉 외프 카푸신Oeufs capucine이었다. 이 음식은 일요일 브런치로 먹기에는 딱이다. 이것처럼 일요일의 기억을 되살려주는 음식도 흔치 않을 것 같다.
외프 카푸신을 제대로 만들자면 시간이 약간 걸리기 때문에 침대에서 너무 늦게 나온 날에는 그냥 삶은 달걀을 만들었다. 정말 간단한 음식이지만 신선한 달걀로 만들면 아주 맛있다. 우선, 신선한 달걀을 살짝 삶아서 에그컵 안에 담는다. 담고나면 이제 위쪽을 잘라내야 한다. 일단 스푼 뒷면으로 달걀을 두세 번 두드린 다음 깨진 껍질을 살살 벗기면 김이 오르는 물컹물컹한 노른자위가 나온다. 신선한 버터를 얇게 바른 손가락 모양의 빵을 그 달걀 노른자위에 찍어먹는 것이다. 소박하지만 잊을 수 없는 맛이다. 이렇게 맛있는 브런치를 먹은 다음에는 무엇을 했을까? 다시 침대로 들어가 달콤한 낮잠을 한숨 깊이 잤다. 그때의 행복함이란 말로 설명할 수 없다. 맛있는 브런치와 달콤한 낮잠이 주는 느긋한 행복. 어렵지 않으니 직접 만끽해보시길.

치즈와 시금치를 곁들인 달걀 *Oeufs capucine*

조리 방법이 약간 까다롭지만, 늦게 일어난 휴일 가족의 브런치로 적당하다.
신선한 시금치와 달걀이 생기를 불어넣어줄 것이다.

 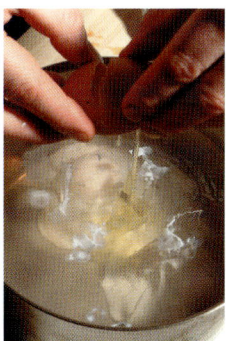 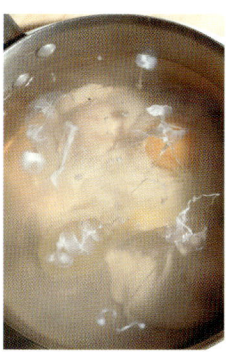  

시금치는 버터에 볶은 후 크림을 넣는다. | 수란을 만들 때는 식초를 넣으면 좋다. | 달걀이 익으면 찬물에 식힌다. | 시금치 크림과 달걀을 오븐에 찐다. | 완성된 모습. 오븐이 없다면 그릴도 괜찮다.

이렇게 만드세요

1. 시금치는 잘 씻은 후 다듬고 버섯은 2밀리미터 두께로 다진다.
2. 프라이팬에 버터 1수프스푼을 넣고 시금치를 볶는다. 소금과 후추로 간하고 체에 걸러 물기를 뺀 후 크림과 마늘을 넣고 잘 섞는다.
3. 프라이팬을 씻고 버터 1수프스푼과 1번의 다진 버섯을 넣는다. 노릇노릇해질 때까지 저으며 볶은 후 소금과 후추를 넣고 보울에 담는다.
4. 물 1리터에 식초 1수프스푼을 넣고 끓인다. 끓는 물에 달걀을 하나씩 깨뜨려 넣고 3~4분간 가열한 후 국자로 달걀을 떠내 더 이상 익지 않도록 찬물에 식힌다.
5. 찜기에 버터를 바른다. 1번과 2번에서 조리한 시금치 크림을 찜기에 넣고 3번의 버섯을 뿌린 후 달걀을 얹고 맨 위에 치즈가루를 뿌린다.
6. 200도로 예열한 오븐에 찜기를 넣고 5분간 찐다. 오븐이 없다면 그릴을 사용해도 좋다.

재료(4인분)

달걀 8개   물 1리터
레드 와인 식초 1수프스푼
시금치 1/2단   크림 1/3컵
흰 버섯 150그램
마늘 2쪽
버터 2수프스푼
치즈 가루 100그램
소금과 후추 약간

도구

작은 칼   도마
프라이팬   체
보울   팬
나무주걱   국자
찜기   그릴이나 오븐

비용 🍎🍎 | 시간 🍎🍎 | 난이도 🍎   TIP 찾아보기 ⋯▶ 100쪽

타르틴

1. 어떤 빵을 사용할까? … 바게트, 토스트 등 여러 가지 빵을 사용할 수 있다. 효모빵이라든지 올리브나 호두를 넣은 빵 등도 좋다.
2. 피망절임 … 피망절임은 시간이 오래 걸리는 음식이기 때문에 한번에 많이 준비해뒀다가 다른 요리에 이용하면 좋다. 파스타에 넣어도 좋고, 샐러드, 참치나 치킨 샌드위치 등에도 잘 어울린다. 밀봉한 플라스틱통에 넣어서 냉장고에 두면 며칠은 보관할 수 있다.
3. 접대 … 일반 접시에 내도 좋지만 나무도마는 어떨까? 애피타이저가 아니라 술과 함께 안주로 먹을 때는 갖가지 모양과 크기로 잘라내도 좋다. 소풍 도시락으로도 그만이다.
4. 속재료 … 레시피에서는 피망절임과 토마토 잼을 소개했지만 상상력을 발휘하면 갖가지 재료로 만들 수 있다. 치즈를 발라도 좋고(블루 치즈에 배를 얇게 썰어넣어서 먹어보자), 햄, 속을 채운 올리브, 살라미, 훈제연어, 사워크림 등도 좋다. 마늘로 구운 빵을 문지른 후 신선하고 즙이 풍부한 토마토를 얹고 그 위에 바질 등 마음에 드는 허브와 올리브유를 뿌린 후 따뜻하게 먹어도 맛있다.

리옹식 감자와 소시지 샐러드

1. 샐러드와 머스터드 … 이 레시피에서는 프렌치 머스터드를 추천한다. 프랑스산은 미국이나 영국 등보다 맛이 강하다. 주로 두 가지 종류가 있는데 하나는 디종 옐로 머스터드, 그리고 옛날식으로 머스터드 씨앗이 통째로 들어 있는 것이다. 대부분의 델리카트슨, 즉 정육코너에서 구할 수 있지만 조심할 것. 프렌치라는 상표가 붙은 미국산 머스터드가 있는데, 이건 프렌치 머스터드가 아니다. 이 요리에 쓰기에는 지나치게 달다.
2. 소시지 고르기 … 돼지고기 소시지는 뭐든지 사용할 수 있다. 하지만 튀김용 소시지나 혼합 소시지는 피할 것. 힐튼 호텔 델리카트슨이나 한남슈퍼마켓 내 헨젤과 그레텔 델리 등에 가면 아주 좋은 소시지를 구할 수 있다.
3. 접대 … 이 샐러드는 미지근하게 먹어도 좋고 차게 먹어도 좋다. 커다란 샐러드 보울에 담아 각자 덜어먹기에도 편하다. 뷔페용으로 그만이며 한국식 식사에 반찬으로 낼 수도 있고 소풍 도시락으로 준비해도 좋다.
4. 소믈리에의 팁 … 이 샐러드는 리옹에서 생산된 도수가 낮은 와인과 곁들여야 한다. 레드 보졸레 빌라지나 브루이, 보졸레 누보 등이 이 음식에 잘 어울린다.

치즈와 시금치를 곁들인 달걀

1. 달걀 깨뜨리는 법 … 달걀을 깨끗하게 깨뜨리려면 평평한 면에 부딪혀서 깨뜨리면 된다. 보울이나 팬 등의 뾰족한 부분은 깨끗하게 깨뜨려지지 않으니 피할 것.
2. 대체 레시피 … 시간이 별로 없을 때는 그냥 프라이나 삶은 달걀로 만들어보자.

Plat principal

메인 디시

쇠고기 스튜, 포토푀 *Pot au feu*

프랑스식 육회, 타르타르 스테이크 *Steak tartare*

통후추 소스 등심 스테이크 *Entrecôte au poivre*

바스크식 닭고기 스튜 *Poulet basquaise*

오렌지맛 오리 구이 *Canard à l'orange*

와인 소스 닭고기 스튜 *Coq au vin*

사과 크림 소스 돼지갈비 *Porc vallée d'Auge*

버터 소스 가자미 구이 *Sole au beurre blanc*

홍합찜과 프렌치 프라이 *Moules-frites*

마늘과 함께 구운 새우 *Crevettes sautées à l'ail*

Pot au feu

천장에 대롱대롱 매달린 전등불이 식탁을 밝히고, 불빛 아래 굴뚝 가까이 모여 앉은 가족의 저녁 시간은 온기와 즐거움이 넘쳤다. 추운 밤에 먹는 따뜻한 수프의 구수함, 다들 등뼈를 씹느라 여념이 없는 이 맛이 포토푀의 진미다.

프랑스 음식의 '밑바탕'
쇠고기 스튜, 포토푀

독일의 위대한 시인 괴테는 1792년 프랑스 혁명 당시 프랑스에 왔다가 한 농부에게 저녁식사 초대를 받았다. 기꺼이 응한 괴테는 벽난로 앞에 농부의 가족과 둘러앉아 아주 소박하지만 맛있는 음식을 나누어 먹었다. 그 농부의 가족은 평소에도 그 음식을 즐겨 먹는 것 같았다. 괴테 자신도 정말 맛있게 먹어서 자서전에 그 음식에 대한 기록을 남겼을 정도였다. 하지만 이 위대한 시인도 자신이 19세기 프랑스 음식문화의 상징이 된 음식을 발견했다는 사실은 아마 미처 몰랐을 것이다. 바로 포토푀였다.

유명한 『라루스 백과사전』의 1867년판에서는 포토푀를 "프랑스 음식의 밑바탕이며 프랑스 국민의 음식문화가 다른 나라의 음식문화와 구별되기 시작한 것은 이 음식부터다"라고 소개하고 있다. 왜 그럴까?

내게도 포토푀에는 각별한 기억이 있다. 이 음식을 떠올리면 시골에서 살았던 어린 시절의 추억이 되살아난다. 우리 가족은 아름다운 도르도뉴 지방에 별장이 있는데 이곳이 한국 사람들에게 잘 알려지지 않은 것은 안타까운 일이다. 프랑스에서도 '가장 프랑스적인 곳'으로 꼽히는 지방이기 때문이다.

이곳에는 지금도 마치 시간을 거슬러 올라간 듯한 오래된 도시와 마을, 옐로스톤으로 지은 귀여운 집들이 잘 보존되어 있다. 나지막한 언덕에 농장과 밭이 늘어서 있고, 풍성한 초목에 유명한 참나무가 일 년 내내 푸른 빛을 자랑한다. 참나무 아래에는 트뤼프, 포르치니 같은 비싼 버섯들이 무성하다.

선사시대부터 사람이 살기 시작한 곳으로 인류의 먼 조상 크로마뇽인도 이곳에서 발견되었고, 1만 5,000년의 역사를 자랑하는 유명한 라스코 동굴벽화도 이곳에 있다. 로마 제국의 폐허, 수많은 중세의 성곽과 교회를 거닐면서 역사 속을 여행할 수 있는 곳이다.

숨겨진 보물들 중에서 물론 음식을 빼놓을 수 없다. 거위간, 호두, 거위 가슴살, 그리고 참나무 아래 무성한 버섯 등이 이곳에서 맛볼 수 있는 음식들이다. 화려하지는 않지만 시골에서만 맛볼 수 있는 순박한 음식들.

우리 가족은 이곳에서 휴가나, 때로 주말을 보내곤 했다. 하지만 워낙 조용한 마을이라서 겨울에는 숲을 하염없이 걷는 것 말고는 할 일이 없었다. 그래서 항상 가족이나 친구들과 같이 갔고, 음식에 열중할 수밖에 없었다.

집 안에 들어가자마자 하는 일은 굴뚝에 불을 지피는 것이었다. 이웃 농장에서는 야채나 막 잡은 닭, 신선하고 고소한 우유, 집에서 만든 소시지 등을 언제나 살 수 있었고, 제철이면 바구니에 버섯을 가득 담아 정원 문 앞에 내놓기 때문에, 아침부터 저녁까지 늘 버섯을 곁들여 먹을 수 있었다. 어느 것 하나 빠질 것 없이 맛있었지만 추운 언덕길을 한참 걸어온 뒤에 먹는 포토푀만한 음식은 없었다. 장작 타는 향과 끓는 육수의 구수한 냄새가 감도는 따뜻한 실내에 들어서면 쌓인 피로는 금세 잊게 되고 어느새 들뜬 기분이 되는 것이다.

시골의 외롭고 고요한 밤, 아득한 고대부터 지구상의 모든 인류가 그래왔듯이 가족 모두가 벽난로 앞에 둘러앉아 있으면 안전하고 아늑한 기분이 들곤 한다. 천장에 대롱대롱 매달린 전등불이 식탁을 밝히고, 불빛 아래 굴뚝 가까이 모여 앉은 가족의 저녁 시간은 온기와 즐거움이 넘쳤다. 추운 밤에 먹는 따뜻한 수프의 구수함, 다듬

이곳에는 지금도 마치 시간을 거슬러 올라간 듯한

오래된 도시와 마을, 옐로스톤으로 지은 귀여운 집들이 잘 보존되어 있다.

나지막한 언덕에 농장과 밭이 늘어서 있고,

풍성한 초목에 유명한 참나무가 일 년 내내 푸른 빛을 자랑한다.

참나무 아래에는 트뤼프, 포르치니 같은 비싼 버섯들이 무성하다.

등뼈를 씹느라 여념이 없는 이 맛이 포토푀의 진미다.

수프를 먹는 한편 토스트 위에 고기를 올리고 굵은 소금만 살짝 뿌려서 입 속에서 사르르 녹는 맛을 즐기곤 했다. 그렇게 든든하게 포토푀를 먹고 나면 식탁을 정리하고 카드놀이를 하거나 이야기를 나누다가 각자 2층의 침실로 올라가는 것이 우리의 일과였다. 낡은 집을 데우려면 한참이 걸린다. 침대는 또 얼마나 차고 축축한지! 감기에 걸리지 않으려면 침대에 오리털을 잔뜩 깔고 그 밑에서 한껏 웅크리고 자야 했다.

하지만 그런 주말은 즐거움이었다. 한국의 수많은 음식들이 그렇듯이, 포토푀를 먹는 것은 가족과 친구와 함께 하는 시간을 의미하고 그 시간에 얽힌 기억이 함께 떠오르기 때문이다. 포토푀는 누군가와 함께 나누는 음식이다. 포토푀가 프랑스 음식문화의 상징이 된 것도 어쩌면 그 때문일지도 모르겠다.

포토푀의 역사는 사실 아주 오래 전으로 거슬러 올라간다. 13세기에는 'pot'라는 단어가 고기를 끓이는 아주 커다란 솥을 가리켰다. 13세기 말에는 'viande en pot'(솥에 담은 고기)가 구운 고기와 달리 물에 넣고 끓인 고기를 지칭하게 되었다. 솥을 벽난로 불에 바로 올려놓고 끓였기 때문에, 이후 프랑스 어로 불을 의미하는 'feu'가 덧붙여져서 'pot au feu'(불 위의 솥)가 된 것이다.

오늘날 프랑스에서 포토푀의 인기는 예전같지 않다. 요리하는데 시간도 많이 걸리고, 요즘 사람들은 좀더 세련된 음식을 즐기기 때문이다. 하지만 풍부한 육수가 활력을 돋우어주는 포토푀는 여전히 겨울의 대표적인 음식이다.

요리법은 매우 간단하다. 여러 부위의 쇠고기(적어도 네 가지 부위를 같이 넣는다)를 당근, 감자, 양배추, 파, 양파, 마늘, 버섯, 순무, 셀러리 등 각종 야채와 함께 은근한 불에 오래 끓이면 된다. 주의사항이라면 기름기가 많은 부위, 적은 부위, 반드시 끓여먹어야 할 정도로 질긴 부위 등 다양한 부위의 고기가 들어가야 한다는 것. 아무리 질긴 고기라 해도 오랜 시간 끓이는 과정에서 고기는 아주 부드러워지는데 보통 이런 부위는 구워먹는 부위보다 가격이 훨씬 싸게 마련이다. 다시 말해 적은 비용으로 온 가족이 먹을 수 있다는 것이고, 이 점이 포토푀의 장점 가운데 하나다.

수프나 육수는 애피타이저로 먹어도 되고, 야채를 곁들인 쇠고기는 메인 디시로 먹는다.

영양이 풍부해서 몸에도 좋고 식사 한 끼로도 거뜬하다. 다음 날 데워먹으면 더욱 맛이 좋기 때문에, 잔뜩 끓여도 남아서 버리는 경우가 절대 없고 차게 해서 샐러드로 먹을 수도 있다. 이런 이유로 포토푀는 가난한 사람들이 가장 즐겨 먹는 요리였지만 19세기가 되자 부르주아지들 사이에서도 점점 더 큰 인기를 얻게 되었다.

다른 나라에도 비슷한 음식이 있지만, 요리법은 약간씩 다르다. 영국에서는 소금간을 한 고기를 사용하기도 하고, 그릴에 굽거나 삶은 고기를 쓰기도 한다. 이런 과정에서 음식의 맛은 천차만별로 달라진다. 포토푀는 뭐니뭐니해도 생고기를 물에 넣고 야채와 함께 끓여야 제맛이 난다. 오래 끓는 동안 고기의 모든 맛이 녹아나와 육수에 독특한 풍미를 더하는 것이다.

프랑스에서는 한때 포토푀의 요리법을 놓고 논란이 벌어지기도 했다. 고기를 찬물에 넣는가, 끓는 물에 넣는가? 이 문제를 놓고 미식가들이 양쪽으로 갈라지자 과학자들이 나서서 실험을 했다. 결론은 어떤 맛을 내고 싶느냐에 따라 다르다는 것이었다. 찬물에 고기를 넣고 천천히 끓이면 육즙이 국물에 깊게 우러난다. 국물은 깨끗하고 맛이 좋지만, 대신 고기 맛은 약간 심심하다. 이럴 때는 굵은 소금과 겨자, 피클을 곁들여 먹는다. 반면에 끓는 물에 고기를 넣으면 열 때문에 육즙이 고기 안에 그대로 남아 있다. 육수의 맛은 덜하지만 대신 고기는 아주 맛있다. 국물이냐, 고기냐. 상당히 난감한 선택이 아닐 수 없다. 찬물에 넣을 것인가, 끓는 물에 넣을 것인가. 식성에 따라 선택하시라.

쇠고기 스튜, 포토피 *Pot au feu*

쇠고기와 야채를 오랜 시간 한데 끓인 것으로, 육수의 깊은 맛이 그만이다.
겨울에 온 가족이 둘러앉아 먹기에 좋은 스튜.

찬물에 고기를 넣고 끓인다.

위에 뜨는 찌꺼기는 걷어낸다.

각종 야채를 손질한다.

고기 냄비에 야채와 향신료를 넣는다.

잘 익은 고기는 얇게 저며 내놓는다.

이렇게 만드세요

1 큰 냄비에 찬물을 붓고 고깃덩어리를 모두 넣는다. 물이 끓을 때까지 가열한 후 위에 뜨는 찌꺼기를 걷어내고 중간불에서 35분간 끓인다. 찌꺼기는 계속 걷어낸다.

2 당근, 양파, 토마토, 순무, 셀러리 등의 야채를 손질한 후 양파에 정향을 꽂아놓는다.

3 2번의 손질한 야채와 소금, 후추, 월계수잎 전부를 고기 냄비에 넣고 다시 은근한 불에서 1시간 20분간 끓인다.

4 식을 때까지 놓아둔다. 그런 다음 야채와 고기를 따로 꺼내놓고 육수는 체에 걸러 보관한다.

5 잘 익은 당근과 순무, 셀러리를 똑같은 크기로 길쭉하게 썬다. 고기는 얇게 썰고 양파와 마늘, 토마토는 대부분 먹지 않으므로 버린다.

6 고기와 야채를 접시에 보기 좋게 담고 뜨거운 육수를 붓는다. 파슬리도 살짝 뿌린다.

7 고기를 찍어먹을 겨자와, 야채를 찍어먹을 소금을 곁들여 따뜻할 때 내놓는다.

재료(6인분)

우둔살 600그램
사태 500그램
쇠꼬리 400그램
물 3리터
양파 중간 크기 1개
당근 큰 것 1개
토마토 중간 크기 3개
마늘 2쪽
정향 4개
순무 큰 것 1/3개
셀러리 4대
검정 통후추 1티스푼
소금 1수프스푼
월계수잎 2장
파슬리 3송이

도구

큰 냄비   껍질깎기
작은 칼   도마
체   야채접시

비용 🍎🍎🍎 | 시간 🍎🍎 | 난이도 🍎🍎 TIP ⋯→ 125쪽

Steak tartare

타르타르 스테이크는 육회에 양념을 해서 먹는 음식이다. 이 요리는 중세 초기 프랑스를 침공해 오늘날까지 강렬한 기억을 남기고 있는 몽고 족, 즉 타르타르 족이 프랑스에 전해주었다는 설이 있다.

몽고의 대초원에서 파리의 밤으로
프랑스식 육회, 타르타르 스테이크

학창시절 아버지와 함께 종종 브라스리brasserie에 가곤 했었다. 브라스리는 대도시에 있는 비스트로의 일종으로 누구나 부담없이 갈 수 있는 레스토랑이다. 19세기 말에서 20세기 초에 한창 유행을 했는데 늦은 시간까지 훌륭하게 세팅된 음식을 먹을 수 있었기 때문에 큰 인기를 끌었다. 파리에는 아직도 이런 아름다운 레스토랑이 많다. 보핑거Boffinger, 립Lipp, 라 쿠폴La Coupole, 르 그랑 카페Le Grand Café, 르 트랭 블뢰Le Train Bleu, 오 피에 드 코숑Au Pied de Cochon 등등. 이들 레스토랑은 모두 1920년대 그대로의 호화로운 실내장식을 갖추고 있으며, 라 쿠폴은 당시만 해도 밥값을 낼 형편이 못 되서 돈 대신 식당 기둥에 그림을 그렸던 유명한 화가들의 그림들로 장식되어 있다. 물론 오늘날 그 그림들은 가격을 따질 수 없는 인테리어가 되었다. 이렇게 시대와 가치가 변하면서 브라스리도 많은 변화를 겪었다. 예전에는 다양한 손님들이 오고가는 곳이었지만, 오늘날은 이전처럼 가격이 저렴하지 않다. 값비싼 식당이 된 것이다.

브라스리는 '맥주를 양조하다'라는 뜻의 프랑스 어 동사 'brasser'에서 나온 단어다.

이들 레스토랑에서는 직접 맥주를 만들었기 때문에 이런 이름이 붙었다.

독일과 벨기에 사람들이 맥주를 좋아하기 때문에 프랑스 북동쪽, 독일과 벨기에 국경 근처에서 맥주를 직접 만들어 파는 것은 대단한 인기를 끌었고, 이들이 파리로 진출해 고향의 음식을 만들어 파는 레스토랑을 연 것이 브라스리의 시초다. 이 브라스리에서 팔던 대표적인 음식으로는 양파 수프와 슈크루트 그리고 타르타르 스테이크를 들 수 있다.

슈크루트는 알자스 지방과 독일에서는 아주 흔한 음식이다. 한국의 김치와도 먼 사촌쯤 되는 음식으로, 화이트 와인으로 발효시킨 양배추에 양념을 하고 소시지나 훈제 돼지고기, 삶은 감자와 함께 먹는다. 몸에 좋으며 대체로 맥주와 함께 먹기 때문에 모든 브라스리의 메뉴에 올라 있다.

타르타르 스테이크는 육회에 양념을 해서 먹는 음식이다. 이 요리는 중세 초기 프랑스를 침공해 오늘날까지 강렬한 기억을 남기고 있는 몽고 족, 즉 타르타르 족이 프랑스에 전해주었다는 설이 있다. 들리는 이야기로는 전쟁 중에 몽고 족이 안장 밑에서 부드러워진 말고기를 날것으로 먹은 데서 유래했다고 한다. 원래는 맛도 좋고 몸에도 좋은 말고기로 만들어 먹었으나 점차 프랑스 사람들이 말고기를 먹지 않아 쇠고기로 대신 하는 것이 일반적이다. 유럽을 휩쓴 광우병 때문에 최근 몇 년간은 먹지 못하기도 했지만 요즘 들어 다시 브라스리의 테이블에 등장하고 있다.

아버지와 함께 브라스리에 갈 때면 주로 아버지가 좋아하셨던 바스티유 광장 근처의 보핑거에 갔다. 아르누보 양식의 실내장식은 모자이크와 거울로 되어 있었는데 밤에는 밝게 빛났다. 다른 브라스리와 마찬가지로 내부는 꽤 넓고 아주 시끄럽다. 많은 손님들이 붉은색 의자에 앉아 있고, 식탁 사이사이로 예전처럼 검정과 흰색 옷차림을 한 웨이터들이 쟁반을 머리 위로 높이 치켜들고 바삐 뛰어다닌다.

이런 모습은 패션계 사람들과 상인 · 예술가 · 가수 · 시인 · 부르주아지 · 귀족 · 텔레비전 아나운서 · 강한 러시아 억양의 노부인 · 거리의 활기 한가운데 넋을 잃은 미국과 일본인 관광객들이 모두 한자리에 모이는, 분주한 파리를 잘 나타내주는 이미지이기도 하다.

『노인과 바다』『무기여 잘 있거라』 등으로 유명한 어니스트 헤밍웨이는 브라스리의 단골이었다. 그가 1961년 엽총사고로 세상을 떠난 뒤 1964년 출간된 유고작품 『이동축제일』에는 환락의 20년대 파리에서 보낸 시절을 추억하는 구절이 있다.
"인생은 끝나지 않는 파티와 같다."
헤밍웨이가 말한 '끝나지 않는 파티'란 혹 분주한 활기가 넘치고, 화려한 웅성거림이 가득했던 브라스리의 풍경을 가리킨게 아니었을까.

프랑스식 육회, 타르타르 스테이크 *Steak tartare*

다진 쇠고기를 양념해서 감자 그라탕과 함께 먹는다.
몽고에서 전해진 음식으로 그 맛이 각별하다.

쇠고기를 잘게 다진다.

야채도 다져놓는다.

감자 그라탕을 만든다.

모양을 내 감자 그라탕과 내놓는다.

이렇게 만드세요

1. 준비한 고기를 모두 잘게 다져서 냉장고에 보관하고, 양파, 피클, 케이퍼, 파슬리를 1밀리미터 두께로 다진다.

2. 보울에 1번의 잘게 다진 고기와 야채를 섞는다. 여기에 소금·후추·우스터 소스를 뿌리고 잘 섞는다. 다음으로 마요네즈·케첩·타바스코 소스를 넣고 잘 버무린 후 간을 본다. 이렇게 하면 타르타르 스테이크가 완성된다.

3. 감자 그라탕을 만들어보자. 우선 감자를 2밀리미터 두께로 썬다. 큰 팬에 우유와 크림을 붓고 너트멕·소금·후추·마늘을 넣고 저으면서 끓인다. 우유가 끓어오르면 썰어놓은 감자를 넣고 한 번 더 끓을 때까지 젓는다.

4. 찜기에 버터를 바르고 3번을 넣은 후 200도의 오븐에서 40분간 조리한다. 오븐이 없으면 밥솥을 사용해도 된다. 밥솥을 사용할 때는 솥에 버터를 잘 바르고 3번을 넣은 후 20분간 조리하면 된다.

5. 모양을 낸 타르타르 스테이크와 감자 그라탕을 함께 내놓는다. 그라탕 대신 그린 샐러드나 프렌치 프라이를 올려도 잘 어울린다.

비용 🍎🍎🍎 | 시간 🍎🍎 | 난이도 🍎   TIP ⋯→ 125쪽

재료(4인분)

쇠고기 우둔살, 양지, 설도하 (무릎 관절살) 각각 200그램
프렌치 피클 2.5수프스푼
다진 파슬리 1.5수프스푼
우스터 소스 1티스푼
소금 1/2수프스푼
후추 1티스푼   양파 1/3개
케첩 3수프스푼
마요네즈 5수프스푼
타바스코 소스 3방울
케이퍼 1.5수프스푼

감자 그라탕
감자 6.5개   우유 0.5리터
다진 마늘 1수프스푼
휘핑크림 0.5리터
너트멕 가루 1/2티스푼
후추, 소금 약간

도구

작은 칼   도마
보울 2개   큰 팬
국자   오븐이나 밥솥

Entrecôte au poivre

동네 단골손님들은 출근길이나 집에 돌아가는 길에 카페에 들러 낯선 사람과 어깨를 나란히 하고 앉아, 에스프레소나 와인 한 잔을 마신다. 사람들이 나누는 잡담 속에서 대중철학이 형성된다. 날씨, 경제, 정치……어떤 주제든 상관없다.

동양과 서양의 만남, 프랑스 카페

통후추 소스 등심 스테이크

'카'페'가 없는 파리는 상상할 수 없다. 카페는 이미 프랑스 하면 떠오르는 대표적인 이미지가 됐다. 지난 10년 동안 경제 사정 때문에 사라진 카페도 많지만, 아직도 파리에는 현대적인 세팅에 전통의 분위기를 보존하면서 새로이 단장한 카페가 많다. 파리에는 아마 스타벅스보다 다른 커피 체인점이 더 많을 것이다. 프랑스에서 커피는 거리를 걸으며 마시는 음료수가 아니다. 한 잔의 커피는 그것을 팔고 마시는 장소와 뿌리 깊게 이어져 있다.

프랑스 카페는 한국인이 흔히 생각하는 커피숍과는 다르다. 한국의 커피숍은 젊은이들이 주로 가는 곳이고, 커피숍에 앉아 느긋한 여유를 즐기기에 한국 사람들은 다들 너무 바쁜 것 같다. 게다가 지나치게 비싼 감도 있다. 오히려 한국에서 파리의 카페와 가장 비슷한 곳은 포장마차다.

프랑스 사람들에게 카페는 바쁜 도심 속의 쉼터이며 생각하고 사색하는 장소다. 그리하여 많은 미술과 문학이 카페에서 탄생했다. 젊은이와 예술가들이 만날 수 있는 값싼 장소이며 새로운 사람을 만나기에 좋은 곳이다. 그래서일까. 카페는 프랑스 문화의 중요한 일부분이며, 모든 혁명은 카페에서 발생했다는 말도 있다. 카페가 없었다면 프랑스 현대문화, 유럽의 현대문화는 어떻게 되었을까?

카페의 뿌리는 오스만, 즉 터키 사회로 거슬러 올라간다. 유럽은 16세기로 접어들면서 전 세계로 문을 열기 시작했는데, 특히 위대한 오스만 제국과 그 수도 이스탄불과는 무역과 외교 면에서 밀접한 관계를 맺었다. 유럽의 국가들은 터키의 세련된 문화에 매혹되었고, 유럽과 실크로드를 잇는 무역상의 도시 베네치아는 이스탄불에 정기적으로 특사를 보내기도 했다.

문호개방의 초창기인 1573년 터키에 갔던 어느 유럽인은 낯선 풍습을 목격했다. 사람들이 작은 선술집이나 길거리에서 만나 카와khawa 또는 카베cahve라는 검은색의 '마약'을 마시며 몇 시간 동안 서로 이야기를 나누고 게임을 하거나 책을 읽는 모습이었다.

이 '마약'은 곧 유럽에 수출되어 유럽인의 사랑을 받게 되었고, 카와, 카베에서 커피, 카페 등의 이름이 유래했다. 물론 자극적인 맛이 큰 인기를 누리기도 했지만, 사람들은 커피를 성충동을 일으키고 난잡한 행동을 하게 하며 발기불능과 동성애를 유발하는 악마의 음료수로 생각했다. 달콤한 초콜릿은 처음부터 귀족계급의 음료수였지만 그에 반해 커피가 들어왔을 때부터 좀더 대중적인 음료수가 될 수 있었던 것은 아마 이러한 악명 때문이었을 것이다.

1683년 이탈리아 베네치아에 최초의 터키식 커피숍이 문을 열었다. 부르주아지 계급 사이에서 인기를 끌자 커피숍은 우후죽순으로 등장하기 시작했고, 처음에는 단순한 공간이었던 것이 점점 더 세련된 실내장식도 갖추게 되었다. 1686년 한 이탈리아인이 현대 유럽식 카페를 파리에 처음 열었는데, 바로 유명한 '르 프로코프' Le procope이다. 이곳은 지금까지도 문을 열고 있다.

동네 단골손님들은 출근길이나 집에 돌아가는 길에 카페에 들러 낯선 사람과 어깨를 나란히 하고 앉아, '리틀 블랙' 에스프레소나 와인 한 잔을 마신다. 잔과 컵을 닦는 웨이터와 나누는 잡담, 이 유명한 '바에서의 대화' 속에서 대중철학이 형성된다. 날씨, 경제, 정치 등 어떤 주제나 상관없다. 구석의 높은 의자에는 주인장의 아내가 앉아

많은 미술과 문학이 카페에서 탄생했다.

젊은이와 예술가들이 만날 수 있는 값싼 장소이며

새로운 사람을 만나기에 좋은 곳.

그래서일까. 카페는 프랑스 문화의 중요한 일부분이며,

모든 혁명은 카페에서 발생했다는 말도 있다.

뜨개질을 하면서 담배를 판다.

파리의 카페에서는 와인과 생맥주 등의 술도 잔으로 팔며 간단한 음식도 팔기 때문에 점심식사도 할 수 있다. 근처 직장인들은 여기에서 식사를 자주 한다. 샌드위치, 샐러드, 크로크 무슈(croque-monsieur: 햄샌드위치에 치즈를 얹어 오븐에 구운 것), 오믈렛, 그날의 특선요리 등.

내게 있어 카페를 대표하는 음식은 메뉴에서 빠지는 법이 없는 스테이크다. 그냥 단순하게 구워서 한쪽 옆에 진한 소스를 내고 프렌치 프라이나 볶은 야채, 싱싱한 샐러드를 곁들이면, 이것이 바로 유명한 '스테이크 프리트'다.

미국인보다는 덜하지만 프랑스인도 쇠고기를 아주 좋아한다. 하지만 스테이크에서 정말 중요한 것은 옆에 곁들이는 소스다. 소스는 프랑스 음식문화의 근본이기 때문이다. 검정 통후추 소스는 스테이크에 곁들이는 아마 가장 유명한 소스일 것이다.

통후추는 유럽 원산이 아닌 피퍼 니그룸Piper Nigrum 나무의 열매다. 동방에서 전래된 이국적인 재료이기 때문에 커피숍이나 카와 같은 음료수와 잘 어울리는지도 모르겠다.

중동과 아시아에서 건너온 향신료는 오래 전에 유럽에 소개되었다. 인도까지 침략했던 알렉산더 대왕이 그리스로 가져왔다고 주장하는 학자들도 있을 만큼 역사가 오래 되었다. 이후 로마인이 무역로를 장악하면서 아랍인이 카이로를 정복한 969년까지 향신료 독점이 지속되었다. 대부분 홍해를 통해 배로 운송되었고, 주로 대상들이 인도나 인도네시아를 넘나들면서 사프란, 후추, 계피, 생강, 정향 등을 가져왔다. 귀하고 값비싼 재료이기 때문에 당시 유럽 사람들은 이것이 약으로도 효험이 있다고 여겼다. 향신료가 입맛을 돋우고 소화를 촉진하며, 살균력이 있기 때문에 지나친 장내 발효를 막아주는 것은 사실이다.

로마인 이후 무역로를 장악한 것은 아랍인들이었다. 유럽인, 특히 커피를 전래한 베네치아의 상인들이 아랍인과 관계를 맺기 시작한 것도 그 때문이었다. 하지만 이런 독점무역에 신물이 난 포르투갈의 왕은 향신료를 운반할 새로운 교역로를 찾아 아프리카로 탐험가들을 보낸다. 여기에는 종교적인 이유도 포함되어 있었다. 이때 인도로 가는 최단 해로를 찾아나섰다가 아메리카 대륙을 발견한 것이 바로 콜럼버스이다. 네덜란드, 영국, 프랑스가 16, 17세기에 동인도회사 등의 회사를 만들어서 아시아와 유럽 간의 무역을 튼 것도 바로 향신료 때문이었고, 이는 전 세계로 퍼져나간 식민지 쟁탈전의 시작이기도 했다.

침략과 교역의 기나긴 역사 속에서 누가 누구에게 정확히 어떤 영향을 주고 받았는지 꼬집어 말하기란 힘든 일이지만 커피를 비롯해 후추 등의 많은 향신료는 오랜 세월과 전쟁, 식민지 경쟁을 거쳐 오늘날 프랑스인의 밥상에 올라오고 프랑스 음식문화의 중요한 일부가 되었다는 것만은 분명한 사실이다.

통후추 소스 등심 스테이크 *Entrecôte au poivre*

비스트로의 대표적인 스테이크 메뉴. 쇠고기를 좋아하는 사람이라면
누구든지 맛있게 먹을 수 있다. 삶은 당근, 감자, 완두콩과 함께 내놓는다.

와인을 베이스로 소스를 만든다. | 소스에 육수를 붓는다. | 가니시용 야채를 손질한다. | 각각 조리한 야채를 버터에 볶는다. | 스테이크를 구울 때 버터를 넣으면 풍미가 더욱 좋다.

이렇게 만드세요

1 소스를 만들어보자. 양파를 잘게 썰어 포트 와인과 레드 와인, 타임을 넣은 프라이팬에 넣는다. 부피가 3/4으로 줄어들 때까지 끓인다.

2 큰 팬에 물 2리터를 붓고 쇠고기 육수분과 야채 육수분을 넣고 가열한다. 육수분이 잘 녹으면 소스에 붓는다. 다시 부피가 3/4이 될 때까지 끓인다. 그런 다음 크림과 빻은 후추를 넣고 잘 저은 뒤 불을 끄고 따뜻하게 보관한다.

3 구운 감자를 만들어보자. 감자는 흐르는 물에 씻어서 껍질을 벗기지 말고 각각 6등분한다. 그런 다음 칼로 깎아 달걀형으로 만든다. 큰 팬에 물과 감자를 넣고 물이 끓으면 3분간 더 끓이다가 불을 끈다. 체에 내려 감자의 물기를 말린다.

4 프라이팬에 기름을 넉넉히 두르고 가열한다. 팬이 잘 달구어지면 감자를 잘 섞으며 5분간 굽는다. 그리고 접시에 올려둔다.

5 팬에 물 1.5리터를 붓고, 소금 1수프스푼을 넣고 끓인다. 여기에 완두콩을 넣고 5분간 끓인다. 완두콩이 익으면 얼음물에 식혔다가 체에 걸러 물기를 빼고 냉장고에 보관한다.

6 당근은 잘 씻어 껍질을 벗긴다. 3센티미터 길이로 자른 후, 한 토막을 세로로 6등분

재료(4인분)
쇠고기 등심 200그램짜리 4장
소스
검정 통후추 빻은 것 1수프스푼
액상크림 1/4컵
레드 와인 1컵
포트 와인 1수프스푼
쇠고기 육수분 1개
야채 육수분 1개
물 2리터 　　버터 1수프스푼
양파 1/2개 　타임 1줄기
가니시
감자 3개 　　완두콩 3/4컵
물 2리터 　　당근 2개
버터 1수프스푼
다진 파슬리 2수프스푼
소금, 설탕, 후추 약간
옥수수유

도구
나무주걱 　　작은 칼
도마 　　　　프라이팬 2개
큰 팬 　　　　체

한다. 냄비에 물 0.5리터를 붓고 당근과 버터 1수프스푼, 소금과 설탕을 약간 넣는다. 뚜껑을 덮은 후 8분간 끓인다. 그런 다음 뚜껑을 열고 물이 어느 정도 증발할 때까지 다시 3~4분 더 끓인다.

7 큰 프라이팬에 버터를 넣고 녹인다. 여기에 요리한 3번의 감자와 6번의 당근을 넣고 2분간 볶는다. 그런 다음 5번의 완두콩과 다진 파슬리, 소금, 후추를 넣고 1~2분간 더 볶는다.

8 프라이팬을 하나 더 꺼내 기름을 살짝 두른다. 소금을 뿌린 스테이크를 넣고 뚜껑을 덮어 양면을 각각 2분 동안 굽는다. 그런 다음 스테이크 1장에 버터 1수프스푼씩 넣고 불은 그대로 둔다. 스푼으로 스테이크를 두드리면 부드러워진다. 알맞게 구워지면 접시에 올리고 소스와 7번의 가니시를 곁들인다.

비용 🍎🍎🍎 | 시간 🍎🍎 | 난이도 🍎🍎   TIP⋯▸125쪽

쇠고기 스튜, 포토푀

1. 접대┄▶ 육수는 수프 접시에 담고 고기와 야채는 커다란 접시에 담아 테이블 한가운데 놓는다. 굵은 소금(싱거운 야채에 뿌려 먹도록)과 프렌치 게르킨(어린 오이를 식초와 소금에 절인 것으로 달지 않다. '코르니숑' Cornichon이라고도 부른다)을 같이 낸다.
2. 어떤 부위를 사용할까┄▶ 다양한 부위를 사용할 수 있으며, 여러 가지가 들어갈수록 좋다. 하지만 오래 끓일 수 있는 부위만 사용할 것. 우족도 맛있지만 기름기를 자주 떠내야 한다.
3. 음식이 남는다면┄▶ 포토푀는 다음날 먹어도 맛있다. 고기는 작게 자르고 양파와 피클을 곁들인 후 식초, 오일, 머스터드 등으로 만든 프렌치 드레싱을 붓고 다진 파슬리를 뿌린다. 이렇게 하면 맛있는 차가운 샐러드가 탄생한다. 육수는 더 끓여서 콩소메 등 맑은 수프로 먹거나, 냉동실에 얼렸다가 다른 레시피에 사용한다.

프랑스식 육회, 타르타르 스테이크

1. 시장┄▶ 스테이크를 만들 때 다져서 고기에 섞는 피클은 프렌치 게르킨이 좋다. 까르푸나 수입식품점 정육 코너에서 구할 수 있다. 구하기 어려우면 미국 피클을 사용해도 된다.
2. 소믈리에의 팁┄▶ 쇠고기는 대부분 드라이 풀 보디 와인과 함께 마신다. 이 음식에는 레드 보르도 와인이 잘 어울린다.
3. 접대┄▶ 접시에 고기를 올리고 향신료, 소스, 양파 등은 작은 종지에 담아 옆에 따로 낸다. 이렇게 하면 손님이 각자 입맛에 맞게 양념해서 먹을 수 있다.

통후추 소스 등심 스테이크

1. 스테이크 팁┄▶ 고기는 등심이나 안심, 취향대로 고른다. 지방은 맛을 부드럽게 해주므로 마블링이 좋은 고기를 고른다. 지나치게 익히지 말 것. 스테이크는 한국식 불고기처럼 얇게 썬 고기와 다르기 때문에 지나치게 익히면 딱딱해지기 쉽다. 속에 육즙이 가득한 것이 좋은 스테이크다. 레시피에 나와 있는 요리시간은 200~230그램 사이의 스테이크에 해당하므로, 스테이크 크기나 중량에 따라 시간을 조절한다. 가장 좋은 방법은 고기 한가운데를 나이프로 잘라보는 것이다. 화학성분이 잔뜩 들어 있는 연육제는 절대 쓰지 말 것.
2. 대체 레시피┄▶ 소스는 물론 입맛대로 바꿀 수 있다. 블루 치즈 소스(로크포르Roquefort 치즈나 기타 블루 치즈를 수입식품점에서 구할 수 있다)는 어떨까? 소스팬에 치즈와 휘핑크림을 넣고 약한 불에 녹인 뒤 소금과 후추로 간을 해서(블루 치즈는 원래 짠맛이 강하니 간을 할 때 조심해야 한다.) 스테이크 위에 끼얹는다. 혹은 녹인 버터에 다진 파슬리와 마늘을 섞고 비닐랩에 소시지 모양으로 싼 다음 냉장고에 넣어둔다. 버터가 굳으면 5밀리미터 두께로 잘라서 따뜻한 스테이크 위에 얹은 후 바로 내놓는다.
3. 소믈리에의 팁┄▶ 소스 맛이 강하기 때문에 와인은 카베르네 소비뇽이나 시라Syrah 포도로 만든 와인을 추천한다. 보르도 와인은 보통 카베르네 포도로 만들기 때문에, 메독이나 이 지방의 다른 레드 와인을 쓰는 것도 훌륭한 선택이다.

Poulet basquaise

바스크식 닭고기 스튜는 매운 고추를 좋아하는 한국인에게 잘 맞는 음식이기도 하다. 좀더 톡 쏘는 맛을 내보고 싶으면 에스펠레트 고추의 먼 사촌뻘이 되는 한국의 고춧가루를 사용해도 좋다.

유럽의 이방인, 바스크 족 전통의 맛
바스크식 닭고기 스튜

우리 할아버지는 길고 가느다란 코에 검은 머리, 검은 눈을 하고 계셨다. 이것은 전형적인 바스크 족의 외모다. 과거에는 나바르라고 불렸던 바스크 지방은 프랑스와 스페인 국경 지대 양쪽에 걸쳐 있다. 스페인에서는 이들의 거주지가 바스크 지방이라는 자치공동체로 지정되어 있고 프랑스에서는 비공식적으로 바스크 지방이라고 불리고 있다. 어머니 집안이 사셨던 곳도 여기다. 바스크 족은 오랜 세월 동안 독립운동을 하면서 테러리즘도 마다하지 않았는데 특히 스페인 쪽 바스크 지방은 악명이 높다. 프랑스 쪽은 훨씬 조용한 편이며 완전독립을 꾀하지는 않지만, 그래도 뚜렷한 자기네들만의 문화가 있는 독특한 지방이다.

바스크 족은 이베리아 반도에서 가장 오래 된 민족이라고 전해지는데 켈트 족보다 앞서 들어온 이베리스(이베르) 족의 후예로 추측되지만 그 기원은 분명하지 않다. 바스크 족은 오랜 역사를 가진 자기네 문화의 독특한 개성에 자부심이 높기로 유명하다. 문화적 자부심으로 소문난 프랑스인보다 더하다. 그들은 요즘도 흰 면바지, 빨간 허리띠, 흰 셔츠, 부드러운 빨간 모자 '베레 바스크' beret basque 등 전통의복을 즐겨 입는데 흰색과 빨간색은 바스크 족의 민족색이라 해도 무방할 정도다. 이 지역에 가면 예쁜 빨간색 대들보와 나무 덧문, 흰색으로 칠한 아름다운 집 등 어딜 보나 빨간색과 흰색으로 꾸며져 있다. 그리고 오늘날까지도 옛날처럼 남자들은 1층, 여자들은 뒤쪽 발코니에서 예배를 보는 구조의 아름답고 오래된 교회가 남아 있다.

바스크 족은 서유럽 대륙에서 독특한 역사를 가지고 있다. 바스크 어는 인도유럽 어족에 속하기는 하지만 독자적인 언어체계를 가지고 있고 계통과 기원이 분명하지 않다. 다시말해 다른 유럽 언어와 언어학적으로 전혀 관련이 없는 유일한 언어인 셈이다. 언어학자들에 따르면 핀란드, 헝가리, 터키, 어쩌면 한국과도 같은 어족에 속하는 피노우그리아 어라고 하지만 분명치는 않다. 물론 모든 언어의 기원을 분명하게 말할 수 있는 것은 아니지만, 그래도 이들의 언어는 기묘한 수수께끼다.
이곳 주민들은 프랑스 어를 쓰지만, 자기들끼리는 바스크 어도 함께 사용하며 학교에서도 자기 고유 언어를 사용하고 가르치면서 보존하려는 노력을 계속하고 있다. 심지어는 교통 표지판조차 바스크 어로 되어 있다.
바스크 어가 이렇게 지리적으로 멀리 떨어진 곳에서 흘러와서 서유럽 끄트머리의 작은 지방에 살아남은 것으로 미루어볼 때, 바스크 족은 스페인과 프랑스의 조상인 켈트 족(이베리아 족과 골 족)이 정착하기 훨씬 전부터 이곳에 살았던 것으로 보인다. 아마 이 지역에 최초로 정착해 줄곧 살아왔을 것이다. 지금은 세계 각지, 특히 미국과 남미에 많이 모여 살고 있다.
원래 바스크 족의 외모가 어떠했는지, 어디서 이주해왔는지는 정확히 알 수 없다. 아마도 오랜 세월 동안 스페인과 프랑스 접경 지대, 산티아고 드 콤포스텔라로 향하는 주요 순례길의 길목에 자리잡고 있기 때문에 인종이 많이 섞여서 원래의 외모는 잃어버렸을 것이다. 오늘날 바스크 족은 스페인 사람들과 비슷하지만 여전히 독특한 윤곽을 지니고 있다.
바스크 고유문화도 많은 부분이 기독교 문화와 혼합되었다. 16세기 말 작은 왕국 나바르의 왕 앙리 4세가 프랑스의 제위에 오르면서 동화는 더욱 빨라졌다. 이후 프랑스 왕을 부르는 호칭은 '프랑스와 나바르의 왕'이 되었다. 하지만 바스크 고유문화를 엿볼 수 있게 해주는 많은 축제들이 아직도 인기를 누리고 있다.

스페인 어와 마찬가지로 '코리다' corrida라고 불리는 투우는 널리 사랑받고 있다. 황소나 암소를 시내에 풀어놓고 위험하지만 손에 땀을 쥐게 하는 경주를 하는 마을축제도 곳곳에서 열린다. 남자들은 '펠로트' pelote 같은 옛날 놀이를 즐겨 한다. 스쿼시와 비슷한데 바구니처럼 생긴 라켓을 들고 벽 앞에 서서 공을 받아내는 놀이다.

바스크 지방은 아름다운 숲과 부드러운 능선이 많다. 비교적 다른 지역보다 보호가 잘 되어 있고 관광객의 손이 타지 않은 곳이다. 날씨도 좋아서 여행하기에 그만이고, 음식 또한 특별하다. 바스크 요리는 피망이나 마늘, 생선, 말린 바욘 햄, 고추 등 그 지방의 재료를 사용한 음식이 많다. 특히 이 지방의 고추는 아주 유명하다. 에스펠레트라는 작은 마을에서 나는 특산품이라 '피망 데스펠레트' piment d'Espellette라고 불리기도 한다. 바스크 요리에서는 흑후추 대신 이것을 사용하기 때문에 다른 프랑스 음식보다 훨씬 자극적이다.

물론 칠리 종류가 다 그렇지만 이 고추 역시 토종식물은 아니다. 원래 콜럼버스가 멕시코에서 스페인으로 처음 가져온 식품이며 이후 에스펠레트로 전래되어 특산품이 된 것이다. 처음에는 초콜릿의 향을 강하게 하기 위해 사용했다가 이후 햄을 말리기 전에 싸는 용도로 쓰기도 했다. 오늘날에는 와인처럼 원산지 관리 식품, 즉 AOC로 보호받고 있어서 일정한 제조법과 한정된 지역에서만 생산할 수 있다.

한국 고추와 비슷하게 생겼는데 빨간색이 아주 진하며 과일처럼 달큰하고 매운 맛이 난다. 한국에서 길가에 고추를 말리듯이 농가의 흰 벽에 매달아 볕에 말리는데 사용하는 방법도 다양하다.

이 지방의 대표적인 음식을 꼽으라면 바스크식 닭고기 스튜를 들 수 있다. 바스크식 닭고기 스튜는 이 지역 사람들이 많이 즐기는 음식이기도 하지만 매운 고추를 좋아하는 한국인에게 아주 잘 맞는 음식이기도 하다. 한국의 고춧가루는 에스펠레트 고추의 먼 사촌뻘이 될 듯하다. 크게 다르지는 않지만 한국의 고춧가루를 사용하면 좀더 톡 쏘는 맛의 바스크식 닭고기 스튜를 맛볼 수 있다.

바스크식 닭고기 스튜 *Poulet basquaise*

프랑스 남서부에 위치한 바스크 지방의 닭고기 스튜로 한국인의 입맛에도 잘 맞는다.
쌀이나 감자를 곁들여 먹으며, 차게 먹어도 좋다.

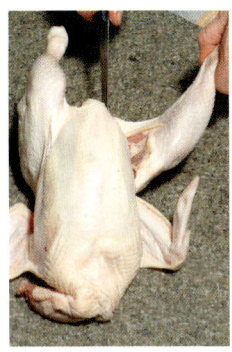 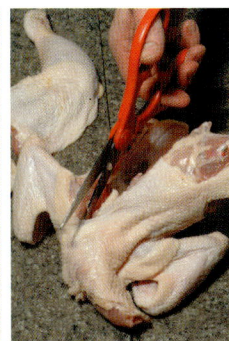   

닭을 손질한다.　　8조각으로 토막낸다.　　노릇하게 굽는다.　　각종 야채와 허브를 넣는다.　　토마토 소스를 붓고 끓인다.

이렇게 만드세요

1 닭은 잘 손질해서 8조각으로 토막낸다.

2 토마토는 4등분한다. 피망과 홍피망은 1센티미터 굵기로 길쭉하게 자른다. 양파는 반으로 잘라 5밀리미터 정육면체로 썬다. 서양호박과 가지는 가로 1센티미터, 세로 5센티미터로 길쭉하게 자른다. 모두 따로따로 담아둔다.

3 스튜팬에 올리브유를 두르고 달군다. 닭은 중간불에 껍질 쪽을 먼저 노릇노릇해질 때까지 굽는다. 양파와 피망, 홍피망을 순서대로 넣고 2분에 한 번씩 저으며 8분간 볶는다. 그런 다음 스위트 그린 칠리, 토마토, 서양호박, 가지, 마늘, 타임, 로즈마리, 소금, 후추를 넣고 저으며 볶는다.

4 토마토 주스와 토마토 페이스트를 섞고 거품기로 잘 저은 후 3번의 스튜팬에 붓는다.

5 한 번 끓어오르면 가장 약한 불로 줄이고 뚜껑을 덮어 1시간 동안 끓인다. 가끔 닭이 눌어붙지 않았는지 살펴본다.

6 소금과 후추로 간을 맞춘 후, 큰 접시에 닭과 야채를 담아 내놓는다.

재료(4인분)

생닭 1.5킬로그램짜리 1마리
서양호박 1개
토마토 중간 크기 10개
가지 1개　　피망 3개
홍피망 3개　　타임 2줄기
로즈마리 1줄기
양파 3개
올리브유 5수프스푼
소금 1.5수프스푼
스위트 그린 칠리 6개
토마토 주스 1컵
토마토 페이스트 1티스푼
다진 마늘 1수프스푼
검정 통후추 빻은 것 약간

도구

작은 칼　　접시
도마　　스튜팬
나무주걱　　보울
거품기　　접시

비용 🍎🍎🍎 | 시간 🍎🍎🍎 | 난이도 🍎🍎　TIP⋯145쪽

Canard à l'orange

르네상스는 탐험과 여행을 통해 유럽에 진정한 음식혁명을 일으켰다. 프랑스 음식이 한창 발달하던 시절, 단순히 스타일이나 조리법만 발달한 것이 아니라 재료의 폭 또한 넓어진 무렵, 수많은 새로운 요리들이 대륙 전체를 휩쓸었다.

음식, 문화를 말하다
오렌지맛 오리 구이

오렌지맛 오리 구이라. 생소한 느낌이 들 것이다. 과일을 곁들여 달콤한 맛이 나는 고기라니. 이런 낯선 느낌을 주는 요리는 아주 많다. 자두를 채운 돼지고기, 버터로 익힌 사과, 다크 체리를 곁들인 오리고기 등등.

중국 음식이나 트렌디한 퓨전 음식 얘기를 하고 있는 게 아니다. 전통 프랑스 음식으로 수세대 동안 요리책을 통해 전해내려오며 오늘날까지 많은 사람들이 즐기는 음식이다. 프랑스 어로는 이런 음식을 '쉬크레 살레' sucré-salé, 즉 달면서 동시에 짠 음식이라고 부른다. 원래 프랑스에서는 단 음식과 짠 음식을 함께 먹지 않지만 몇몇 요리들은 예외다. 이 요리는 다른 나라, 다른 문화와의 접촉이 잦았던 유럽 역사를 놓고볼 때 다른 문화권의 음식문화가 프랑스식으로 발전되어온 것이라고 할 수 있다. 얼핏 프랑스 음식이 아닌 것처럼 보이겠지만 사실 그렇게 생소한 것은 아니다.

우리가 전통요리라고 생각해온 것들도 따지고 보면 비교적 새로운 음식이다. 중세 말까지 유럽의 요리법이나 재료는 상당히 폭이 좁았다. 요즘은 먹지 않는 허브나 근채류가 많이 쓰이긴 했지만 지금의 음식에 두루 쓰이는 채소는 대부분 없었다. 르네상스는 탐험과 여행을 통해 유럽에 진정한 음식혁명을 일으켰다. 프랑스 음식이 한창 발달하던 시절, 단순히 스타일이나 조리법만 발달한 것이 아니라 재료의 폭 또한 넓어질 무렵, 수많은 새로운 요리들이 대륙 전체를 휩쓸었다.

유럽의 음식을 말하자면 먼저 떠오르는 토마토, 감자, 파스타, 고추, 커피, 초콜릿, 옥수수 등이 쓰이기 시작한 것도 그리 오래된 것은 아니다.

예를 들어 즙이 풍부하고 향긋한 토마토가 빠지면 이탈리아 음식은 어떻게 될까? 프로방스 전통음식은? 유럽 음식에서 토마토를 빼면, 피자와 대부분의 파스타 소스도 없다. 하지만 토마토가 유럽 대륙에 전파된 것은 콜럼버스가 미국 대륙을 발견한 14세기 이후라는 것은 잘 알려진 사실이다. 그 전에는 수많은 과일들이 유럽 대륙에는 아예 존재조차 하지 않았다. 마르코 폴로가 중국에서 가져온 국수는 어떨까? 파스타가 없었다면 이탈리아 사람들은 몇 세기 동안 뭘 먹고 살았을까?

고추가 없는 한국 음식을 상상하기 힘든 것처럼, 프렌치 프라이가 없는 프랑스 음식도 상상할 수가 없다. 그렇지만 감자 역시 18세기까지 프랑스에서는 대단히 낯선 작물이었다. 기근 때문에 밀 재배량이 전 인구를 먹여살리기에 부족해지자 그 대책으로 프랑스에 수입되기 시작했으며, 원래는 가난한 사람들이 주로 먹는 야채였다. 그러나 오늘날 감자는 수입작물이라고 생각하기 어려울만큼 프랑스 음식문화(세계 음식문화 역시 마찬가지다)의 한 부분으로 자리잡고 있다.

새로운 재료를 수용해서 음식문화의 일부로 받아들이는 데는 때로 수세기의 시간이 걸린다. 하지만 이런 사실은 문화적 정체성이나 전통이라는 개념을 다시 한 번 돌이켜보게 해준다.

우리는 흔히 국가적 정체성이란 것을 과거에서 물려받은 그대로의 고정된 체계라고 생각하며, 특히 한 나라를 가장 잘 나타내줄 수 있는 것, 가장 변하기 어려운 것이 음식문화라고 생각하기 쉽다. 하지만 역사를 가만히 살펴보면 문화와 국가의 정체성이라는 것은 끊임없이 다른 문화와의 접목을 통해 변화하고 발전해왔다.

많은 프랑스인이 프랑스의 음식문화 유산을 대단히 자랑스러워한다. 하지만 그들이 그토록 자랑스러워하는 음식문화라는 것은 과연 무엇일까. 지금 우리가 알고 있는 음식문화라는 것은 정확히 언제부터 시작된 것일까. 한국이든 프랑스든 최근에 전파된 새로운 음식재료를 살펴보다 보면 전통이란 것을 조금은 다른 시선으로 바라보게 된다. 음식문화만이 아니다. 한 나라의 문화적 정체성이란 전혀 변함없이 한 세대에서 다음 세대로 고스란히 이어지는 유산이 아니다. 시간이 흐르고 다양한 경험이 쌓이면서 사람이 성장하고 성숙해가는 것처럼, 문화 역시 진화하고 변화한다. 다시말해 끊임없는 창조인 것이다. 더 이상 진화하지 않는 문화, 새로운 것을 수용하고 '소화하는' 능력을 잃어버린 문화는 죽은 문화이며 과거의 추억에 지나지 않는다. 음식문화는 이런 사실을 뚜렷이 보여주고 있다.

프랑스는 다른 유럽 국가와 마찬가지로 제국주의라는 서글픈 역사를 갖고 있다. 신대륙을 향한 경쟁은 사실상 대부분의 국가에 있어 새로운 교역 기회를 발굴한다는 의미를 지니고 있었다. 무엇인가를 선점, 독점하기 위한 욕심은 전쟁과 침략으로 이어졌다. 설탕, 커피, 초콜릿, 향신료, 바닐라 등이 그 이유였다.
새로운 땅을 침략한 국가들은 자기네 문화를 강요한 것으로 그치지 않았다. 문화란 늘 상호적인 것이기 때문이다. 프랑스는 베트남에 바게트를 전파했지만, 대신 식민지에서도 많은 것을 얻었다. 북아프리카, 카리브해, 아프리카, 인도차이나 일대와의 관계는 다른 것과 마찬가지로 프랑스의 음식문화에 엄청난 변화를 가져왔다.
그리고 오늘날 프랑스인들이 지극히 프랑스적이라고 생각하는 음식들 대부분이 실은 16세기 이후 발견한 이들 지역 문화의 영향으로 생겨난 것이다.
음식은 최고의 문화 전도사이며 한 문화가 얼마나 생동감 있는지 측량하는 잣대가 되기도 한다. 프랑스인들이 치즈에 대해서, 한국인들이 김치에 대해서 자부심을 갖는 이유가 바로 이것이다.
오렌지맛 오리 구이처럼 간단한 음식에서도 프랑스라는 한 국가가 다른 문화와의 접촉을 통해 어떤 영향을 받았고, 그것이 어떻게 현재 모습에 이르렀는지 살펴볼 수 있다. 얼핏 낯설지만 그것을 받아들여 프랑스식으로 만들어 즐겨 먹게 된 것처럼 음식문화에서 중요한 것은 새로운 아이템을 수입했다는 사실이 아니라, 그것을 얼마나 좀더 새롭게 '우리'다운 것으로 만들 수 있느냐 하는 것이다.

오렌지맛 오리 구이 *Canard à l'orange*

오렌지즙을 발라 구운 오리고기.
매우 세련된 요리로, 포테이토칩을 곁들여 먹는다.

오렌지 껍질은 잘게 다진다.

식초와 설탕을 끓이다가 오렌지 껍질과 육수를 넣는다.

포테이토칩용 감자는 얇게 저민다.

오리 위에 얹을 오렌지를 손질한다.

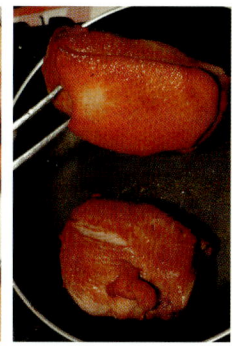
오리는 껍질면부터 굽는다.

이렇게 만드세요

1 발사믹 식초와 설탕을 섞어 2분간 끓인다. 양이 절반으로 줄어들면 불을 끈다.

2 잘게 다진 오렌지 3개의 껍질과 즙을 1번 프라이팬에 넣고 잘 섞이도록 젓는다. 그런 다음 2~3분간 가열한다. 소스가 끓으면 물 1리터에 육수분 3개를 녹여 매우 진하게 만든 육수와 샬롯을 넣고 10분 더 끓인다. 완성된 소스는 체에 내려 따뜻하게 보관한다.

3 포테이토칩용 감자는 1밀리미터 두께로 썰어 물기를 뺀 후, 200도의 기름에 튀기고 소금을 뿌린다.

4 남은 오렌지 2개는 양쪽 끝을 잘라내고 수직 방향으로 칼집을 내서 4등분한다.

5 오리 가슴살은 프라이팬에 기름을 두르고 중간불에서 노릇노릇해질 때까지 굽는다. 이때 껍질이 있는 면을 먼저 구워야 기름기가 잘 빠져나간다.

6 알맞게 구워진 오리 가슴살을 접시에 얹고 포테이토칩을 곁들인다. 그런 다음 버터를 두른 프라이팬에 오렌지 4등분한 것을 1분간 볶는다. 오리에 오렌지와 소스를 뿌리면 완성이다.

비용 🍎🍎🍎 | 시간 🍎🍎🍎 | 난이도 🍎🍎 TIP→145쪽

재료(4인분)

오리 가슴살 4조각
오렌지 5개   샬롯 2개
육수분 3개   물 1리터
발사믹 식초 2수프스푼
설탕 2수프스푼
옥수수유 2수프스푼
버터 2수프스푼

포테이토칩
감자 큰 것 2.5개
옥수수유 1리터
소금 1티스푼

도구

프라이팬   나무주걱
오렌지짜개 체
작은 칼   큰 팬
도마   튀김기
종이타월

Coq au vin

앙리 4세가 다시 등장해 모든 사람들에게 코코뱅을 권해야 할지도 모르겠다. 모든 사람들에게 강제로 휴식을 취하고, 맛있는 음식을 먹게 하라. 이 얼마나 유토피아적이고 아름다운 소망인가!

모든 이에게 닭고기 스튜를 먹게 하라
와인 소스 닭고기 스튜

앙리 4세(1553~1610)는 정말 독특한 왕이었다. 작은 나바르 왕국 출신이라는 점도 그렇고 기독교 신자로서 가톨릭 국가를 지배했다는 것도 특이하다. 그는 마르그리트 드 발루아, 즉 몇 년 전 이자벨 아자니 주연의 영화로 만들어지기도 했던, 유명한 '여왕 마고'와 결혼했는데 마고는 발루아 왕조의 마지막 여왕이었고, 앙리는 부르봉 왕조의 첫 번째 왕이었다. 앙리 4세는 프랑스에서 가장 사랑받는 왕이었으며 신교와 구교 사이의 피비린내나는 종교전쟁을 마무리지었지만, 라바이약이라는 거리의 광인에 의해 살해당한다. 그는 이런 역사적인 사건뿐만 아니라 조금은 일상적인 일로 프랑스 역사에서 유명하다. 바로 그가 내린 특이한 명령, 신하들에게 일요일마다 닭고기 스튜를 먹게 했다는 이야기 때문이다.

앙리 4세는 풍요로운 음식문화를 자랑하는 바스크 지방 출신이었고 대단한 미식가였다. 하지만 16세기 말 모든 국민에게 닭고기 스튜를 먹이겠다는 왕의 꿈은 단순한 개인적 취향만은 아니었다. 그 당시 프랑스는 한동안 평화가 지속되었고, 기근과 질병이 없는 경제성장의 시대를 누리고 있었다. 일요일은 사람들이 교회에 가야 하는 하느님의 날이었으며, 일곱 번째 날 하느님이 그랬듯이 쉬어야 하는 날이었다. 인자한 왕이었던 앙리 4세는 그날만은 모든 국민이 일을 쉬고 제대로 된 음식을 먹기를 바랐다. 닭고기 스튜는 영양이 풍부한 기름진 음식으로 비싸지도 않고 가족이 모두 함께 나눠 먹기에도 좋은 음식이다. 왕의 소망 때문이었는지, 음식의 효용 때문이었는지 알 수 없지만 어쨌든 전통은 만들어졌다. 프랑스 사람들은 다양한 닭고기 스튜를 먹기 시작했고 수많은 요리법이 개발되었다. 그중 하나가 바로 와인 소스 닭고기 스튜, 즉 코코뱅Coq an vin이다. 이 요리법은 로마 침략기 골 족이 카이사르에게 패배했던 휴화산 지대의 중심, 오베르뉴 지방에서 처음 개발되었다고 전해진다.

코코뱅은 몇 시간이고 푹 끓여야 제 맛이 난다. 벽난로 불 위에 올려놓은 두꺼운 솥에서 고기가 부드러워질 때까지 한참동안 끓여 먹을 만큼 시간적 정신적 여유가 있었던 옛날 옛적부터 전해내려오는 음식이다.
이런 옛날 음식은 내게 일요일에 식구들이 모두 함께 먹던 점심을 연상시킨다. 오래 전부터 교회에 다녀온 후 온 가족이 한데 모이는 것은 프랑스의 전통이었다. 요즘 사람들은 교회에 자주 가지 않지만, 가족이 모이는 경우는 종종 볼 수 있다. 할아버지, 삼촌, 고모, 사촌들, 독립한 자식들 등등. 나 역시 파리에서 학교에 다닐 때도 매주 일요일 식사는 가족들과 함께 하곤 했다.
서두를 필요도 없다. 성스러운 날이니까. 하루 종일 느긋했다. 맛있는 음식을 앞에 놓고 둘러앉는 것보다 더 좋은 것이 어디 있을까? 남자들은 술잔을 앞에 놓고 모였고, 여자들은 식사 준비를 하며, 아이들은 마당에서 시끄럽게 뛰어논다. 그러다 보면 점심식사가 시작되고, 언제까지고 끝이 나지 않는다. 오후 4~5시까지 식탁 앞에 앉아 있는 일도 드물지 않았다. 술 한잔 마시고 잠깐 쉬다 보면 다른 음식이 나오고 어느새 술 한 병을 더 따고 치즈와 디저트를 먹는 것이다.
"자, 이번에는 자두술도 맛을 좀 봐야지."
이런 식이다. 시간이 정지된 듯한 순간. 일, 의무, 복잡한 교통, 현대생활의 모든 스트레스가 사라지는 평화로운 시간이다. 해질녘이 되면 시골이나 작은 마을에 사는 사람들은 공원이나 숲에서 잠시 걸으며 저녁에 먹을 야생 산딸기나 과일을 땄다.
손님들이 돌아갈 준비를 하지만 여주인은 손님들을 이 정도에서 보내고 싶지 않다.

"더 있다 가요. 복잡하게 준비할 것도 없어요. 남은 음식이나 간단하게 먹죠."
거절하기 힘들다. 스튜를 다시 데우면 맛은 더욱 좋아지고, 저녁 늦게 가족들은 식탁 앞에 다시 모인다.

물론 이런 추억은 모두 과거의 일이다. 요즘 프랑스 사람들이 어떻게 하는지는 나도 잘 모르겠다. 내가 어렸을 때 이미 전통적인 가족의 모습은 많이 사라졌다. 요즘 사람들은 각자 자신들의 삶과 우정을 꾸려나가느라 바쁘고, 재미없는 삼촌이나 나이든 형제와 하루 종일 음식을 먹는 것보다는 여행이나 스포츠를 더 즐긴다. 바쁜 세상에 누가 식사를 4~5시간씩 하겠는가?
나 역시 집에 돌아가면 이렇게 길고 기름진 식사와 온갖 화제가 오르는 끊임없는 대화에 적응하는 데 시간이 걸린다. 그렇지만 나는 이런 것들이 몹시 그립다. 와인과 음식, 쓸데없는 이야기만 오고가는 길고 느긋한 일요일. 그저 함께 있다는 것 자체가 행복한 일상.
앙리 4세가 다시 등장해 모든 사람들에게 코코뱅을 권해야 할지도 모르겠다.
"모든 사람들에게 강제로 휴식을 취하게 하고, 맛있는 음식을 먹게 하라."
이 얼마나 유토피아적이고 아름다운 소망인가!

와인 소스 닭고기 스튜 *Coq au vin*

프랑스의 가장 유명한 닭고기 스튜 중 하나로
조리 시간이 오래 걸리지만 방법은 간단하다. 긴긴 겨울밤 영양보충에 적당하다.

야채는 먹기 좋은 크기로 자른다.

닭을 8조각으로 손질한다.

껍질면부터 먼저 굽는다.

기름기를 제거한 닭고기에 야채를 섞는다.

육수와 허브, 와인을 붓고 끓인다.

이렇게 만드세요

1. 마늘은 윗부분을 잘라내고, 당근은 길쭉하게 절반으로 자른 후 다시 3등분한다. 양파도 당근과 마찬가지로 썰어놓는다.
2. 육수분으로 닭고기 육수를 만든다. 육수분이 없으면 닭고기를 직접 끓여 우려내도 된다.
3. 닭은 잘 드는 칼로 뼈 주위를 도려내 다리를 잘라낸다. 이어서 넓적다리를 분리하고 날개를 자른다. 마지막으로 가슴살을 정리하면 총 8조각이 나온다. 소금 2수프스푼을 뿌려 간을 해놓는다.
4. 뜨겁게 달군 팬에 식용유 절반을 두르고, 닭의 껍질면부터 굽는다. 양면이 노릇노릇하게 익을 때까지 굽는다.
5. 구운 닭을 우묵한 냄비에 넣고 남은 기름은 버린다.
6. 5번에 양파, 마늘, 당근, 타임, 로즈마리, 토마토 페이스트, 월계수잎, 후추, 밀가루, 소금 1티스푼을 넣는다. 약한 불에서 나무 주걱으로 잘 저으면서 와인과 2번의 닭고기 육수를 붓는다.
7. 센 불에서 빨리 한소끔 끓이며 표면에 떠오르는 거품을 3~4분간 걷어낸다.

재료(4인분)

생닭 2.5킬로그램짜리 1마리
레드 와인 750밀리리터짜리 2병
당근 2개 마늘 14쪽
양파 3개 감자 3개
월계수잎 2장
타임 3줄기 로즈마리 1줄기
검정 통후추 빻은 것 2수프스푼
토마토 페이스트 4수프스푼
밀가루 1/4컵
닭고기 육수 1/2컵
버섯 300그램 베이컨 200그램
파슬리 4송이
옥수수유 2수프스푼
소금

도구

작은 칼 도마
껍질깎기 프라이팬
우묵한 냄비 큰 보울
나무주걱 국자 체

8 뚜껑을 덮고 아주 약한 불에서 뭉근하게 45분간 끓인다. 스튜가 끓는 동안 버섯은 반으로, 베이컨은 3센티미터 길이로 자르고, 감자는 껍질을 벗겨 큼직하게 깍둑썰기한다. 파슬리는 다진다.

9 스튜가 30분 정도 끓었을 때 냄비에 감자를 넣고 10분 후에는 버섯과 베이컨을 넣고 4~5분간 더 끓인다.

10 칼로 닭을 찔러보아 속까지 잘 익었는지 확인한다. 칼날이 쉽게 들어가야 잘 익은 것이다. 잘 들어가지 않으면 다 익을 때까지 몇 분 더 끓인다. 요리가 끝나면 닭고기와 야채는 접시에 덜어놓고, 나머지 소스는 냄비에 그대로 둔다.

11 소스가 너무 묽으면 걸쭉해질 때까지 더 끓인다. 약간 진하다 싶은 시럽 같은 상태가 될 때까지 끓여야 한다. 이 소스를 체로 거르면 맑고 윤기가 흐르는 소스가 나온다. 이를 고기와 야채 위에 끼얹어서 낸다.

비용 🍎🍎 | 시간 🍎🍎 | 난이도 🍎🍎   TIP···▶145쪽

바스크식 닭고기 스튜

1. 접대···모든 스튜가 그렇지만 이 요리도 다음날 다시 끓여 먹으면 맛이 더욱 좋다. 하지만 고기 맛은 다소 떨어진다. 처음 요리했을 때 야채를 다 먹지 못했다면, 물을 붓고 천천히 새로 끓여서 참치나 농어 등 구운 생선요리의 소스로 사용한다.
2. 소믈리에의 팁···강한 칠레산이나 호주산 레드 와인을 곁들인다. 시라 포도로 만든 와인도 좋다. 프랑스에서는 랑그도크 지방이나 론 지방에서 좋은 시라 와인이 생산된다. 그 외에 뤼베롱 Luberon, 코르비에르 Corbières, 카오르 Cahors 와인도 좋다.

오렌지맛 오리 구이

1. 문화와 식도락···프랑스 남서부 지방 사람들은 오리와 거위고기를 많이 먹는다. 심지어 오리기름을 요리에 사용하기도 한다. 구운 오리의 바삭바삭하고 감칠맛 나는 껍질을 즐겨 먹는다. 이렇게 먹어도 흔히 생각하는 것과는 달리 건강에 큰 문제가 생기지는 않는다. 이런 기름에는 나쁜 콜레스테롤이 없기 때문이다. 여기에 심장병을 예방하려면 레드 와인을 곁들여야 한다는 것을 잊지 말 것.
2. 오리고기는 어디서 살까···한국에는 오리 가슴살만 따로 파는 데는 별로 없다. 가끔 수입식품점 냉동 코너에서 눈에 띄기도 하지만 따로 파는 것을 구할 수 없다면 오리 두 마리를 통째로 사자. 킴스클럽 같은 대형매장이나 서울의 중앙시장, 모란시장 같은 대형시장에서는 냉동오리를 쉽게 구할 수 있다. 잘 드는 칼로 가슴살 두 덩어리를 도려낸다. 오리가 신선하다면 날개나 다리 등의 다른 부위는 해동시켜 두었다가 바스크식 닭고기 스튜를 만들 때 닭 대신 사용하면 된다. 닭 대신 오리를 쓸 때는 30분 더 오래 요리한다.
3. 소믈리에의 팁···상세르, 혹은 약간 드라이한 알사스나 독일산 게부르츠트라미네 같은 화이트 와인을 곁들여 보자. 보졸레 빌라주나 브루이같이 도수가 낮은 보졸레 레드 와인도 좋다.
4. 시장···이 레시피에 들어가는 샬롯은 일종의 작은 분홍색 양파로 프랑스 음식, 특히 보르도 음식에 많이 사용된다. 다져서 스테이크나 바비큐, 샐러드에 넣으면 맛을 돋울 수 있으며, 소스나 화이트 와인에 넣어 익히기도 한다. 한남슈퍼마켓이나 가락시장에서 구할 수 있다. 구할 수 없으면 양파를 써도 좋지만, 맛이 약간 강하다.

와인 소스 닭고기 스튜

1. 닭과 스튜···17세기 이후 프랑스에서는 닭을 이용한 스튜 레시피가 무궁무진하게 개발되었다. 닭을 대부분 스튜로 만들어 먹은 까닭이 있었기 때문이다. 보통 수탉은 번식을 더 이상 못할 때까지 키우기 때문에 막상 잡아서 먹기에는 고기가 질겼다. 그러니 고기를 연하게 먹으려면 오래 끓이는 스튜가 가장 알맞았던 것이다. 요즘은 물론 일반 닭으로 만든다.
2. 셰프의 팁···고기나 야채를 볶은 후 소량의 물을 붓고 푹 끓이는 '브레이즈' braise 요리나, 일반 스튜를 만들 때는 야채와 향신료 등의 가니시 무게가 고기 무게의 절반을 넘지 않도록 한다. 특히 와인 스튜에 당근을 넣으면 와인의 신맛이 줄어들고 단맛이 강해져서 맛이 좋아진다.
3. 소믈리에의 팁···와인으로 만드는 스튜는 여러 가지가 있다. 와인은 소스에 진하고 깊은 맛과 향을 더해주며, 은근한 불에 끓이면 알콜 성분과 쓴맛은 모두 날아간다. 그러므로 요리용으로는 오래 되어 그냥 먹을 수 없는 와인을 사용해도 괜찮다. 요리에 적당한 와인은 도수가 높은 레드 와인이나 톡 쏘는 드라이 화이트 와인이다. 론 강 유역, 칠레, 호주산 와인이 요리용으로 특히 좋다. 식사할 때는 요리에 사용한 것과 같은 종류의 와인을 곁들이도록 하자.

Porc vallée d'Auge

프랑스 남부에서는 요리에 올리브유를 더 많이 사용하고, 북부에서는 버터를 더 많이 사용한다. 의사와 요리사들 사이에서는 이것을 놓고 열띤 공방이 벌어지기도 했는데 사실 오일이냐 버터냐 하는 문제는 아주 역사가 싶다.

당신은 버터파입니까, 오일파입니까?
사과 크림 소스 돼지갈비

Porc vallée d'Auge

노르망디라는 지명은 10세기 경 이 지역을 자주 침략했던 북유럽 민족, 즉 바이킹 족에서 유래했다. 가볍고 빠르기로 유명한 배 드라카르drakkar로 너무나 많은 피해를 끼쳤기 때문에 프랑스 왕은 평화를 유지하기 위해서 그들에게 북쪽의 땅을 내주기로 했다. 그래서 이 지역의 이름이 '북방' north과 '인간' man이 합쳐져 노르망디가 된 것이다.

이곳은 강수량이 풍부해 초목과 과수원이 많고, 가축을 키우기에도 좋다. 암소가 생산하는 맛있는 우유로는 이 지방 특산물인 카망베르 치즈와 진한 크림을 만든다. 비가 많이 오기 때문에 노르망디에는 와인이 없지만, 대신 사과가 많이 나서 달콤하고 청량감이 있으며 도수는 낮은 시드르 cidre나 도수가 높고 향이 좋은 칼바도스calvados 같은 맛있는 술이 생산된다.

노르망디는 예술가들을 끌어들이는 마력을 가졌다. 파리와 가깝다는 지리적 이점과 아름다운 태양빛은 수많은 인상파 화가들을 유혹했다. 19세기에 최초로 개통된 철도도 파리와 노르망디 구간이었다. 당시 도빌에 건설된 최초의 해안 리조트는 파리 사람들이 쉽게 번잡한 도시를 벗어날 수 있는 피난처가 되었다.

여름의 도빌은 부르주아지와 귀족이 즐겨 찾는 세련된 도시가 되었다. 물론 당시에는 비키니 차림으로 햇빛에 나서지는 않았다. 창백한 피부를 아름답다고 여겼던 숙녀들은 햇빛을 차단하기 위해 긴 드레스와 실크 우산으로 몸을 감추고 다녔다. 그들은 아이들을 데리고 바닷가에 지어놓은 작은 오두막으로 들어가서 파자마처럼 긴 수영복으로 갈아입곤 했다.

의사들은 바닷바람과 해수욕이 건강에 좋다고 생각하기 시작했고, 때문에 빈혈 환자들은 해수욕을 하라는 처방을 받았다. 그 환자들은 하인을 대동하고 옷을 거의 다 입은 채로 바닷물 속에 들어가곤 했다. 지금이야 이게 우스운 일이지만 당시에는 그 정도도 혁명적인 일이었다.

밤이 되면 대저택이나 파티장, 카지노에서 열리는 아름다운 파티에 한가한 사교계 사람들이 참석했다. 수영복만 제외하면 도빌은 그때나 지금이나 별로 바뀐 점이 없다. 작가 마르셀 프루스트는 20세기 초 『잃어버린 시간을 찾아서』에서 이 시대를 아름답게 묘사했다. 귀스타브 플로베르 역시 노르망디 출신이다. 이 점은 그의 여러 소설, 특히 『순박한 마음』이나 유명한 『보바리 부인』에도 잘 드러난다.

노르망디는 중세의 교회와 집이 가득한 작은 섬, 몽생미셸로도 유명하고, 19세기 말 성녀 테레사가 살았던 리지외로 향하는 악명높은(?) 순례로도 잘 알려져 있다. 노르망디에서 이름난 도시로는 독특한 건축을 자랑하는 유서 깊은 도시 루앙도 있다. 이곳은 또한 15세기 잔 다르크가 중앙광장에서 화형을 당했던 곳이다. 그 밖에도 에트르타 같은 절벽과 제2차 세계대전 당시 노르망디 상륙작전이 있었던 해변으로도 유명하다.

문학과 역사로도 유명하고 의미도 있지만 노르망디, 하면 나는 무엇보다도 푸른 들판에서 희고 검은 암소들이 평화롭게 풀을 뜯고 있는 풍경이 떠오른다. 프랑스 최고의 진미는 바로 이 암소들 덕분이다. 450여 종이나 되는 프랑스 치즈 가운데 노르망디에서 생산되는 것은 느샤텔Neufchâtel, 퐁레베크pont-l'évêque, 카망베르camembert, 리바로livarot 등 겨우 21종에 불과하지만 유명하기로는 으뜸이다. 와인처럼 AOC의 특별 관리하에 생산되는 유명한 이지니Isigny 버터는 말할 것도 없다.

버터의 역사는 매우 길다. 기원전 3000년경 바빌로니아에서 처음 만들어졌다는 설이 있을 정도이며, 인도의 고대 신화에도 등장한다. 처음에는 음식 재료로 사용하기보다는 연고나 화장품 등의 용도로 썼다고 전해진다. 몽고나 히말라야 등지의 일부 유목민은 지금도 가죽주머니에 우유를 넣고 흔들어 버터와 치즈를 만들어 먹기도 한다.

프랑스에서는 수많은 요리법이 개발되면서 버터도 매우 다양하게 활용되고 있다. 주로 여러 재료를 첨가해 생선이나 고기요리, 샌드위치 등에 어울리는 버터를 만드는데, 마늘 버터·버섯 버터·게살 새우 버터·레몬 버터·메트르 도텔 버터(녹인 버터에 다진 파슬리, 소금, 후추, 레몬즙을 넣고 섞은 것. 그릴에 구운 고기요리와 잘 어울린다) 등등 수십 가지가 있다. 버터는 음식에 독특한 향과 부드러움을 더하기 때문에 그냥 넣어도 맛있지만, 이렇게 만든 버터를 넣으면 음식의 감칠맛이 좀더 깊어진다.

풀과 나무가 풍부하고 바다와 가까운데다 토양이 비옥한 노르망디에서 나오는 우유는 지방과 미량원소를 다량 함유하고 있어서 독특한 맛의 유제품들이 많다. 그래서 이 지방 요리에는 버터와 크림이 빠지지 않는다. 하지만 이는 단순한 지방색으로만 볼 것이 아니다. 수세기 전부터 북부와 남부로 확연히 구분되는 프랑스의 특징과 깊은 관계가 있다.

프랑스 어는 중세에 남부의 랑그도크langue d'oc와 북부의 랑그도일langue d'oil로 나뉘어졌다. 서로 의사소통이 어려울 정도로 두 언어의 차이는 꽤 컸다. 한국의 표준말과 제주도에서 쓰이는 말의 차이쯤이라고 할까. 하지만 두 지방을 나누는 진정한 기준은 '오일 지역'이냐 '버터 지역'이냐로 보는 것이 옳을 듯하다.

프랑스 남부에서는 요리에 동물성 기름이나 프로방스 지방처럼 올리브유를 더 많이 사용하고, 북부 브르타뉴와 노르망디 지방에서는 버터를 더 많이 사용한다. 의사와 요리사들 사이에서는 버터가 좋은가 오일이 좋은가를 놓고 열띤 공방이 벌어지기도 했는데 사실 오일이냐 버터냐 하는 문제는 아주 역사가 깊다.

프랑스는 한 사람이 매년 8.3킬로그램의 버터를 소비하는 세계 최대의 버터 소비국이다. 하지만 옛날부터 그랬던 것은 아니다. 로마인은 버터보다 오일을 선호했으며, 버터는 가축을 기르는 '미개인'이 먹는 음식으로 생각했다. 중세에 들어와서는 몇몇 지역이 버터로 명성을 떨치고 수출까지 하게 되었지만, 여전히 버터는 가난한 사람들이 섭취하는 지방이었고, 교회에서 이것을 먹지 못하도록 '기름을 금지하는 날'이 거의 한 해의 절반 정도나 될 정도로 많았다.

그러나 르네상스 후기에 접어들면서 프랑스 요리가 특유의 맛을 찾아가면서 특히 기름지고 풍부한 소스가 발달하기 시작했다. 소스를 걸쭉하게 하고 맛을 부드럽게 하는 데 버터는 꼭 필요한 재료였고, 수요가 늘자 자연스럽게 버터 생산량도 증가했다. 서서히 양질의 버터를 생산하는 지역도 등장하기 시작했는데, 노르망디의 이지니 같은 곳은 이때 이미 파리로 버터를 수출하고 있었다. 사정이 이렇게 되자 보관이 까다로운 버터는 이제 오히려 고급 재료가 되었다.

19세기 말에 들어서면서 버터의 생산과 소비는 더욱 증가했다. 과학자 파스퇴르의 발견으로 널리 알려진 저온살균과정을 통해 버터 보관이 쉬워졌고, 철도의 등장과 보급으로 먼 곳까지 제품 운반이 가능해진 덕분이었다.

게다가 19세기 말에 미국산 신품종이 들어오면서 발병한 필록세라라는 포도덩굴병은 버터가 더 많이 소비되고 만들어지는 데 한몫을 했다. 샤랑트와 푸아투 지방 대부분의 포도밭이 이 병으로 큰 재해를 입고 황폐해지면서 포도밭이 목초지로 바뀌었고, 그때부터 낙농업이 활성화되면서 이 두 지역은 프랑스의 최대 버터 생산지역이 되었다. 또한 1950년대부터는 일반 가정에 냉장고가 보급되기 시작해서 버터는 이제 아주 흔한 제품이 되었다.

그런가하면 한편으로는 새로운 유행이 등장했다. 사람들이 단순히 먹고사는 것만이 아닌 건강에 관심을 갖게 되면서 새로운 요리, 새로운 요리법을 원하게 된 것이다. 1970년대부터 프랑스의 요리사들은 새로운 요리법을 개발해냈다. 지방을 적게 쓰고 올리브유와 야채를 많이 쓰는 요리법이다. 이 요리법이 등장하고 널리 알려지기 시작하면서 버터는 마치 구세대 음식의 상징처럼 되었다. 그리고 기름기가 많은 소스는 심장병을 유발한다고 인식되기 시작했다. 프랑스는 다시 두 파로 나뉘었다. 오일이냐 버터냐? 사실 여러 연구의 결과 버터도 대부분의 음식이 그렇듯이 적당히 먹기만 하면 몸에 나쁘지 않다는 것이 밝혀졌다. 버터에는 비타민 A가 많이 함유되어 있으며, 통설과는 달리 버터를 태우면 소화가 잘 되지 않을 뿐, 익힌 버터도 몸에 해롭지 않다.

오늘날 버터업계는 전통적인 방식으로 만든 고품질 버터 소비를 늘리려는 노력을 계속하고 있다. 졸지에 구식 요리의 상징으로 오해 받았던 버터가 다시 밥상에 돌아온 것이다. 사람들이 몸에 좋다는 담백한 요리법이 아닌 버터를 다시 찾는 것은 왜일까? 답은 간단하다. 버터가 들어간 음식 특유의 맛, 풍미 때문이다. 직접 비교해보는 것이 최고다. 자, 여러분은 오일파인가, 버터파인가?

사과 크림 소스 돼지갈비 *Porc vallée d'Auge*

사과와 크림을 곁들인 돼지갈비 구이. 프랑스 북부 노르망디 지방에서 즐기는 요리로 주로 설탕에 조린 사과와 함께 내지만 감자를 곁들이기도 한다.

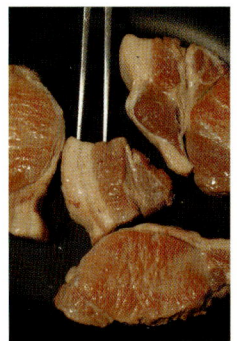
돼지갈비를 구워놓는다.

사과는 4등분해서 버터를 바른다.

모든 재료에 닭고기 육수와 크림을 넣고 끓인다.

소스만 블렌더에 갈아 끼얹는다.

이렇게 만드세요

1. 큰 팬에 기름을 조금 두르고 돼지갈비를 노릇노릇해지도록 굽는다.
2. 버섯은 반으로 자르고, 사과는 4등분해서 달걀형으로 깎는다. 녹인 버터를 솔로 사과에 바른 후 냉장고에 넣어둔다. 양파는 4등분하고 감자는 껍질을 벗긴 후 4등분해서 물에 담가둔다.
3. 팬에 물 1.2리터와 닭고기 육수분을 넣고 끓인다.
4. 1번의 구운 돼지갈비에 닭 육수를 붓고 한소끔 끓인 후, 뚜껑을 덮어서 30분간 은근한 불에 끓인다. 여기에 2번의 양파, 버섯, 감자와 소금, 후추, 크림을 넣고, 다시 30분간 더 끓인다. 이때 사과술이 있다면 넣어도 좋다.
5. 고기와 야채를 꺼내 접시에 담는다. 마르지 않도록 랩으로 씌워둔다.
6. 남은 육수는 양이 3/4으로 줄 때까지 끓인다. 녹말가루와 물 1수프스푼 정도를 섞어 육수에 붓는다. 재료를 잘 감쌀 정도로 진득해질 것이다. 이 소스를 체에 한 번 거른 후 블렌더로 갈아준다.
7. 이렇게 만든 소스를 야채와 고기, 2번의 사과를 얹은 접시 위에 부으면 완성이다.

비용 🍎🍎🍎 | 시간 🍎🍎 | 난이도 🍎🍎 TIP→175쪽

재료(4인분)
돼지갈비 200그램짜리 5조각
흰 버섯 200그램
양파 2개   사과 4개
물 1.2리터
닭고기 육수분 1개
감자 큰 것 6.5개
휘핑크림 3/4컵
버터 2수프스푼
소금 1수프스푼
흰 후추 약간
옥수수유 1수프스푼
녹말가루 1수프스푼
사과술 1/2컵(임의대로)

도구
팬   큰 팬
작은 칼   보울 3개
솔   랩
체   블렌더
접시   나무주걱

Sole au beurre blanc

방금 딴 신선한 생굴은 식초와 샬롯을 뿌려서 그대로 후루룩 입 속에 넣는다. 아, 강렬한 요오드 냄새! 허브를 넣고 익힌 고동, 맛조개, 홍합, 대합……마치 바닷물을 그대로 들이키는 것 같다.

금요일의 생선, 여름의 추억
버터 소스 가자미 구이

물고기는 여러 나라에서 다양한 의미를 상징한다. 불교, 특히 한국에서 물고기는 항상 깨어 있고 '잠들지 않는' 부처의 영혼을 상징한다. 그렇기 때문에 절마다 처마에 물고기 모양의 작은 풍경을 매달아 놓고 그 소리로 신도들의 마음을 깨우는 것이다. 기독교에서 물고기는 특별한 의미가 있다. 예수의 행적 중에는 어부와 물고기에 관련된 우화가 많다. 예수는 제자들과 빵과 물고기를 자주 잘라서 나눠 먹기도 했지만 무엇보다 초기 교회에서 이교도인 로마인들에게 자신들의 신앙을 숨기기 위해서 그리스도를 물고기로 표현하기도 했다. 그리스 어로 물고기는 '익투스' Ichtys인데, '하나님 아들이신 구세주 예수 그리스도'라는 말의 각 단어 첫글자만 따면 'Ichtys', 즉 '물고기'가 된다. 그래서 기독교 회화나 전통에는 물고기가 자주 등장한다. 물고기가 자주 등장하는 이유는 또 있다. 유대교에서는 금요일, 즉 안식일에 금식하는 전통이 있었다. 이날에는 일하는 것과 특별한 동물을 죽이는 것이 금지되어 있었는데, 이런 전통은 오늘날까지 이어지고 있다. 그렇지만 물고기를 죽이는 데는 아무런 제약이 없었기 때문에 생선은 안식일에 가장 즐겨 먹는 음식이 된 것이다. 금요일은 예수 그리스도가 십자가에 못 박힌 요일이기도 하다. 그러므로 기독교에서도 오래 전부터 이날은 금식을 권장했고, 고기 대신 생선을 먹었다.

오늘날 프랑스에는 기독교를 믿지 않는 사람들 사이에도 이런 전통이 남아 있다. 금요일 학교 급식도 모두 생선이다.

이유는 알 수 없지만, 보통 프랑스 아이들은 생선을 싫어한다. 그러니 아이들에게 금요일은 싫은 생선을 먹어야 하는 힘든 날이다.

"윽, 또 생선이야!".

사정이 이러하니 프랑스의 어머니들과 학교 조리사들은 아이들에게 생선을 먹이려면 빵가루를 발라 기름에 튀기는 방법밖에 없다는 것을 알았던 모양이다. 가시를 다 발라낸 순살을 빵가루 밑에 숨겨 네모지게 튀기면 아이들도 그나마 입에 대긴 하니까.

내 생각엔 아이들이 생선을 싫어하는 것은 닭고기나 스테이크와는 달리 생선을 원래 모양 그대로 내놓으면 죽은 동물이라는 느낌이 강하게 들기 때문이 아닐까 한다. 맛도 냄새도 육류보다 강한 경우가 많은 것도 이유가 될 것 같다.

아이들이 좋아할 만한 생선이 아주 없는 것은 아니다. 가자미는 다소 비싸지만 맛이 담백해서 아이들도 아주 잘 먹는다. 내가 가장 좋아했던 생선도 가자미였다. 가자미 요리는 프랑스에서는 매우 인기 있는 음식으로, 보통 버터 소스와 레몬즙을 쳐서 먹는다.

프랑스는 해안선이 길기 때문에 보르도뿐만 아니라 많은 지역에서 생선이 아주 흔하다. 부야베스와 마르세유식 생선 수프도 살펴보았지만, 그 밖에도 수많은 레시피가 있다. 북부의 홍합, 브르타뉴 지방의 크림 생선 스튜, 대서양에서 갓 잡은 해산물 요리 등등. 대서양에서 바로 잡아올린 해산물 요리는 바닷가 휴양지에서 보내는 여름휴가에 빼놓을 수 없는 음식이다. 스페인 국경에서 보르도를 잇는 기나긴 대서양의 해안선을 상상해보라. 끝없이 이어진 흰 모래밭 위에 밀려오는 푸른 파도. 이 지역은 난류인 멕시코 만류가 바다를 따뜻하게 데워주기 때문에, 북쪽의 브르타뉴 등을 제외하면 5월에서 9월 말까지 해수욕을 할 수 있다.

바다, 사막과 같은 모래밭, 해류와 바람이 만들어놓은 길고 긴 모래언덕. 하늘에서 내려다보면 푸른색과 노란색 줄무늬로 보인다. 여기에 녹색 줄무늬가 있을 때도 있다.

모래밭 안쪽의 소나무 숲이다. 평평하고 단순한 풍경이지만, 혼자 생각에 잠길 때는 더없이 좋다.

이런 여름날 저녁도 상상해보자. 당신은 어느 작은 어촌에 와 있다. 분홍색, 초록색, 빨간색, 노란색, 흰색 등 갖가지 알록달록한 색깔을 칠한 작은 나무집들이 바다로 통하는 좁은 골목길에 늘어서 있다. 수천 개의 굴껍질에서 풍기는 강렬한 냄새가 골목을 가득 채운다. 한 어부가 바닷가에서 소박한 식당을 열고 있다. 태양은 느릿느릿 저물어가고 시원한 바닷바람이 부는 가운데, 당신은 친구들과 화이트 와인 한 잔을 앞에 놓고 앉아 있다.

생선과 홍합, 굴, 게를 넣어놓은 모래밭 속의 커다란 탱크에서 물 흐르는 소리가 들려온다. 하늘에는 새 한 마리가 울음소리를 내며 제 둥지로 돌아간다. 이제 얼음 위에 올려놓은 해산물 요리가 등장한다. 다 먹으려면 몇 시간은 걸릴 듯한 커다란 게 요리다. 집게발을 부러뜨려서 속살을 빨아먹는다. 저 유명한 마요네즈를 뿌린 새우 요리, 방금 딴 신선한 생굴은 식초와 샬롯을 뿌려서 그대로 후루룩 입 속에 넣는다. 아, 강렬한 요오드 냄새! 바닷물을 들이키는 것 같다. 허브를 넣고 익힌 수많은 조개, 고동, 맛조개, 홍합, 대합…….

브르타뉴 지방에 가면 여기에 랍스터나 커다란 참새우까지 맛볼 수 있다. 맨손으로 집어들고 손가락을 빨아가며 먹는 그 맛이란! 물론 화이트 와인도 듬뿍 있어야 한다. 이렇게 저녁을 먹고 나면 휘영청 하늘을 밝힌 달빛이 넘실거리는 바다 산책을 나선다. 행복한 여름날의 모든 맛이 접시 위에 있다.

상상만으로도 즐겁다고? 상상으로만 끝낼 일이 아니다. 시장에 나가 물좋은 가자미를 사서 화이트 와인과 버터로 만든 소스를 뿌려 식탁에 올려보자. 상상했던 여름날의 행복을 직접 맛볼 수 있을 것이다.

버터 소스 가자미 구이 *Sole au beurre blanc*

수많은 레스토랑에서 볼 수 있는 대표적인 생선 요리로
생선의 종류나 소스를 입맛에 맞게 바꿀 수 있다.

생선을 손질한다.

양파, 와인, 버터로 소스를 만든다.

감자를 삶을 때는 소금, 마늘, 타임을 넣는다.

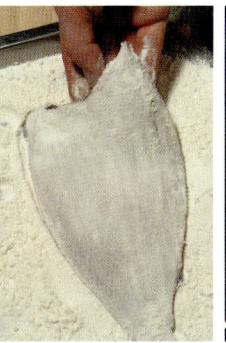
생선에 밀가루옷을 입힌다.

생선은 기름으로 굽다가 나중에 버터를 넣어준다.

이렇게 만드세요

1. 생선을 깨끗이 씻고 배와 등지느러미를 잘라낸다. 꼬리 부분의 껍질에 칼집을 내어 머리 쪽으로 잡아당기면 껍질이 벗겨진다. 내장을 제거하고 다시 씻은 후 물기를 닦아 냉장고에 보관한다.

2. 팬에 곱게 다진 양파를 넣고 화이트 와인을 부은 후 2~3분간 끓인다. 화이트 와인이 10퍼센트 정도 증발하면 크림을 넣고 끓어오를 때까지 2~3분가량 기다린다. 여기에 버터 9수프스푼을 천천히 넣으며 젓다가 버터가 다 녹으면 레몬 1/2개의 즙을 넣는다. 완성되면 거품기로 저은 후 체에 걸러서 따뜻하게 보관한다.

3. 큰 팬에 물 1리터를 붓고 소금, 마늘, 타임과 타원형으로 깎은 감자를 삶는다. 물이 끓으면 불을 줄이고 18~20분간 더 삶는다.

4. 기름을 두른 프라이팬이 잘 달궈지면 밀가루옷을 입힌 생선을 노릇노릇해질 때까지 2~3분간 굽는다. 그런 다음 생선을 뒤엎고 한 마리당 버터 1수프스푼씩 넣는다. 버터가 녹으면 생선에 끼얹으며 3분간 더 굽는다.

5. 생선에 감자와 반으로 자른 레몬을 곁들이고 소스를 뿌린다.

비용 🍎🍎🍎 | 시간 🍎🍎 | 난이도 🍎🍎   TIP ⋯> 175쪽

재료(4인분)

가자미나 넙치
250~300그램짜리 4마리
버터 13수프스푼
휘핑크림 2/3컵
화이트 와인 1컵
레몬 2개   양파 2개
밀가루 2수프스푼
감자 큰 것 5개
소금 약간
마늘 4쪽   월계수잎 1장
타임 2줄기
옥수수유 2수프스푼

도구

작은 칼   팬
나무주걱   테이블스푼
거품기   체
큰 팬   큰 접시
프라이팬

159

Moules-frites

프렌치 프라이는 아주 값싼 음식이었고, 때문에 서민들에게 인기가 많았다. 철도가 보급되면서 역의 노점마다 프렌치 프라이가 등장했고, 프랑스 북부와 벨기에까지 퍼진 것도 이 때문이었다.

역사의 모든 현장에는 음식이 있다
홍합찜과 프렌치 프라이

프랑스 북동쪽 끝 벨기에 변경에 릴이라는 도시가 있다. 홍합으로 아주 유명한 곳이다. 북해는 홍합이 많이 잡히는데 홍합이 벨기에를 상징하는 음식이 된 것도 그 때문일 것이다. 이곳에서는 홍합에 크림 등 여러 가지 소스를 뿌려서 프렌치 프라이를 곁들여 먹는다.

이때 함께 마시는 술은 대부분 맥주다. 프랑스 사람들은 늘 와인만 마실 거라고 생각하기 쉽지만 그건 아니다. 프랑스 북부는 벨기에나 독일처럼 맥주를 주로 마신다. 이 지역 사람들은 다른 지역 사람들이 와인맛을 보듯이 맥주맛을 음미한다. 지방 특산 맥주도 수백 종이 있으며, 진짜 브라스리에 가면 그집에서 직접 만든 신선한 생맥주를 맛볼 수 있다.

맥주를 맛있게 먹기 위해서는 몇 가지 주의점이 있다. 맥주 향을 보존하기 위해서 항상 2~3센티미터 정도의 거품을 같이 따라야 하고, 아주 차갑게 먹어야 한다. 도수가 낮은 맥주일수록 차갑게 먹는 것이 좋다.

프랑스 사람들이 와인만 마시는 것은 아닌 것처럼 대표적인 프랑스 음식 프렌치 프라이(프랑스 어로 '프리트' frites)도 벨기에 사람들에 비하면 많이 먹는 편이 아니다.

프랑스 사람들이 일 년에 일인당 73킬로그램의 프렌치 프라이를 먹는다면 다들 놀라지만 벨기에의 200킬로그램에 비하면 아무것도 아닌 셈이다.

감자가 남미에서 유럽으로 전파된 것은 16세기 이후였다. 극심한 흉년을 겪으면서 밀 대신 감자를 먹으면 좋겠다고 생각한 농학자 파르망티에 덕분에 빠른 속도로 널리 퍼지게 되었다. 감자는 재배하기 쉽고 유럽 기후에도 잘 맞으며 녹말, 칼륨, 비타민 B1, B2, C 등 영양소도 풍부하다. 이런 장점 때문에 감자는 유럽 전역에 빠른 속도로 전파되었고 19세기에는 모든 가정의 식탁에 자주 올라오는 음식으로 자리잡는다. 특히 프렌치 프라이는 아주 값싼 음식이었고, 때문에 서민들에게 인기가 많았다. 철도가 보급되면서 역의 노점마다 프렌치 프라이가 등장했고, 프랑스 북부와 벨기에까지 퍼진 것도 이 때문이었다. 처음에는 감자를 무시했던 부르주아지 계급도 차차 즐겨 먹기 시작했다.

하지만 프렌치 프라이의 역사는 이보다 더 길고 그 역사성에 대해 여러 가지 근거가 나오기도 한다. 벨기에의 한 연구가는 벨기에 사람들이 이미 17세기부터 감자를 먹었다고 주장하기도 한다. 그 사람의 몇 대 위 아저씨가 남긴 회고록에 1781년에 '프리트'라는 음식에 대한 묘사가 있으며 그보다 1세기 이전에도 먹었다는 기록을 발견했다는 것이다. 이 이야기에 따르면 당시 손가락처럼 길고 작은 민물 생선을 튀긴 요리가 있었다고 한다. 그런데 겨울에는 그 생선을 잡을 수가 없었기 때문에 대신 감자를 같은 모양으로 깎아 튀겨먹기 시작했는데 이것이 프렌치 프라이의 출발이라는 것이다. 맞는 이야기인지 아닌지는 물론 알 수 없다.

그렇지만 프렌치 프라이는 프랑스 혁명 때 파리의 다리 위에서 팔았을 정도로 당시에 이미 대중적인 음식이었다는 점은 확실하다. 이런 이유로 파리의 유명한 다리 중 하나인 퐁뇌프의 이름을 빌어 퐁뇌프 감자라고 부르기도 한다.

영어로 프렌치 프라이라고 부르는 것에도 여러 가지 사연이 전해진다. 이미 18세기에 토머스 제퍼슨은 이 음식을 프랑스 음식이라고 말했다고 한다.

이 이름이 미국인에 의해 불리기 시작했다는 것은 재미있다. 제1차 세계대전 말, 1917년으로 돌아가보자. 미영 연합군은 전쟁을 끝내기 위해 바다를 통해 유럽 본토를 침공했다. 벨기에의 왈론이라는 곳에 상륙한 그들은 작은 매점 어디에나 감자 튀김이 있는 것을 발견했다. 병사들은 이미 프랑스 음식이 대단하다고 생각했기 때문에 가는 곳마다 있는 감자 튀김을 프랑스 음식이라고 여기고 '프렌치 프라이'라고 부르게 되었다는 것이다. 더구나 왈론 사람들이 프랑스 어를 사용했기 때문에 프랑스 음식이라고 생각할 만했다. 그럴 듯한 이야기다.

그렇지만 몇몇 학자들은 다른 학설을 내놓고 있다. 19세기 미국 속어로 '프렌치하다' to french는 '막대기 모양으로 썬다'는 뜻이었다. 시간이 흐르면서 이 표현이 쓰이지 않게 되자, 사람들은 나라 이름 '프렌치'이겠거니 생각하게 되었다는 것이다. 이 역시 그럴 듯한 이야기다.

음식의 기원과 이름의 사연이 무엇이든 감자는 프랑스 음식에 다양하게 활용된다. 감자 볶음, 으깬 퓌레, 구운 감자, 감자 스튜, 둥글게 뭉친 튀김, 팬케이크 모양의 튀김, 납작썰기, 깍뚝썰기, 기타 각종 모양으로 썰어서 튀긴 것 등등. 기름에 튀겼기 때문에 몸에 좋은 음식이라고 말하기는 힘들겠지만, 다 먹는 즐거움으로 상쇄된다고 우기는 사람들이 많다. 어쨌거나 바깥은 바삭바삭하고 안은 부드러우며 기름기가 적은 것이 진짜 프랑스식 프라이라는 점을 기억해두자.

그런데 이 소박하고 값싼 음식이 패스트푸드점을 통해 미국의 생활방식을 상징하는 것처럼 된 것은 재미있는 일이다. 최근 프랑스가 이라크전쟁을 반대했다고 몇몇 성난 미국인들은 프렌치 프라이를 '프리덤 프라이'로 바꿔부르기도 했다.

단순한 음식 이름 하나에 이처럼 수많은 의미가 담기기도 한다. 이는 프렌치 프라이가 언제 어디서나 흔히 접할 수 있는 음식이기 때문이다. 다시말해, 음식은 역사의 모든 현장을 지켜보고 있다는 이야기다.

한국에서는 홍합을 맑은 물에 끓여 주로 탕으로 먹으며 대부분 소주를 곁들인다. 한번쯤은 프렌치 프라이와 맥주를 곁들인 홍합을 먹어볼 것을 권한다. 크림과 와인 소스로 만든 홍합찜과 더불어 먹는 부드럽고 바삭한 프렌치 프라이. 그리고 시원한 맥주 한 잔. 몸은 여기에 있어도 마음은 프랑스 북동쪽으로 훌쩍 가 있는 것 같지 않을까.

홍합찜과 프렌치 프라이 *Moules-frites*

화이트 와인과 크림 소스로 조린 홍합과 프렌치 프라이. 프랑스 북동부의 릴 지방과 벨기에에서 매우 대중적인 음식으로 만들기 쉽고 저렴하다.

레몬과 설탕을 조린다.

감자는 굵직하게 썬다.

감자를 160도에서 1차로 튀긴다.

소스에 홍합을 넣고 끓인다.

한소끔 끓으면 크림을 붓는다.

이렇게 만드세요

1 레몬은 흐르는 물에 씻어 4밀리미터 두께로 저민다. 팬에 물을 붓고 설탕과 레몬을 넣는다. 한소끔 끓인 후 30~35분간 은근한 불에 조린다.

2 프렌치 프라이를 만들어보자. 감자는 0.5센티미터 두께의 굵은 스틱 모양으로 썬다. 튀김팬에 기름을 붓고 165도로 가열한 후 물기를 제거한 감자를 5~7분간 튀긴다. 말랑말랑하게 속까지 잘 익어야 한다.

3 튀김팬을 다시 220도로 가열해, 감자를 3분 동안 한 번 더 튀긴다. 다 튀겨지면 체로 기름을 내린 후 기름종이 위에 놓고 소금을 뿌린다.

4 화이트 와인을 큰 팬에 붓고, 잘게 다진 양파와 타임, 월계수잎을 넣는다. 뚜껑을 덮고 4분간 끓인다.

5 4번의 화이트 와인 팬에 미리 손질해둔 홍합을 넣고 한 번 끓어오르면 은근한 불에서 4~5분간 조린다. 그런 다음 크림을 넣고 다시 한 번 끓인다.

6 홍합과 깍둑썰기한 토마토, 설탕에 조린 레몬을 함께 내놓는다. 프렌치 프라이는 다른 접시에 낸다.

비용 🍎 | 시간 🍎 🍎 | 난이도 🍎 🍎 | TIP ⋯→ 175쪽

재료(4인분)

홍합찜
홍합 1.5킬로그램
양파 작은 것 1개
화이트 와인 1/2컵
크림 1/4 컵   타임 2줄기
월계수잎 1장
토마토 1개

레몬 설탕조림
레몬 2개   설탕 100그램
물 0.5리터

프렌치 프라이
감자 큰 것 10개
옥수수유 1.4리터
소금 약간

도구

작은 칼   나무주걱
튀김팬   큰 팬
보울   접시 2개

Crevettes sautées à l'ail

온 가족이 모여 그날 잡은 물고기를 함께 나누어먹는 기쁨이란. 특히 마늘과 함께 구운 신선한 새우는 맨손으로 먹기 때문에 더욱 맛있었다. 소스가 번들번들하게 묻은 손가락을 쪽쪽 빨아도 뭐라고 하는 사람이 없었으니까.

대서양에서 보내는 여름 휴가
마늘과 함께 구운 새우

새우를 보면 항상 피에르 삼촌이 생각난다. 삼촌한테는 사각형 돛이 달려 있는 낡고 작은 배 한 척이 있었는데 꼭 중국 범선처럼 생긴 배였다. 그의 눈은 파란색이었는데, 너무 새파래서 아무 감정도 느껴지지 않고 오직 슬픈 듯한 미소만 담고 있었다. 그 눈에는 눈물 비슷한 얇은 막 같은 것이 항상 덮여 있었다.

그는 내륙지방 출신이었지만 전형적인 브르타뉴 지방 선원처럼 보였다. 우리 집안이 즐겨 다니던 해안 리조트 앙데르노에 어린 시절부터 자주 왔으니 그 영향을 받아 외모가 변해버린 건지도 모른다.

촌수를 따지자면 작은 할아버지뻘이었지만, 우리는 항상 피에르 삼촌이라고 불렀다. 할머니는 당신 동생을 별로 좋아하지 않았지만 매년 여름이면 의무적으로 '자기' 집에 들여놓아야 했다. 집이 할머니와 삼촌의 공동소유였기 때문이다. 우리 할머니는 할아버지가 돌아가신 후 앙데르노에 정착하셨고, 피에르 삼촌은 그 집 마당에 있는 작고 어두침침하고 허름한 스튜디오에 살았다. 삼촌은 클래식 음악을 좋아했고 오후에 할머니가 집을 비우면 본채에 들어와서 음악을 듣곤 했다.

어린 내 눈으로 볼 때 삼촌에게는 재미있는 것들이 많았다. 카메라로 흑백 슬라이드

사진만 찍어서 거실 스크린에 영사해주기도 했는데, 그럴 때마다 할머니의 신랄한
핀잔만 듣기 일쑤였다. 아름다운 흑백 사진 속에는 우리가 모르는 남자, 낯선 여자 등
삼촌의 지나간 인생이 고스란히 담겨 있었다.

삼촌이 손수 만든 프로젝터는 1950년대에 나온, 고장난 헤어 드라이어로 만든 것으로
그 자체가 골동품이고 볼거리였다. 열을 쉽게 받아서 틈틈이 쉬어줘야 하기는 했지만.
우리는 노란 난장이 게임을 하기도 했다. 상아로 만든 가짜 돈, 아름다운 카드, 뼈를
깎아 만든 주사위……. 무더운 여름날 밤 식당에서 열 명, 열다섯 명씩 둘러앉아 게임을
하곤 했다.

나는 피에르 삼촌을, 삼촌의 비밀과 신중한 성격을, 농담을 할 때 보여주던 눈웃음을
사랑했다. 삼촌은 절대 불평하는 법이 없었고 말수도 적었다. 아이들에게는 더할 나위
없이 좋은 어른이었다. 훈계하지도 않고 꾸짖는 법도 없었다.

그는 가끔 우리 형제를 고기 잡는 데 데려가기도 했다. 고기를 잡으러 가면 불가사리나
해마 같은 것을 갖고 와서 말린 다음 니스칠을 했다. 이런 것을 서랍에 넣어놓으면
지독한 생선냄새가 진동을 했고, 어머니 눈에 띄면 당장 쓰레기통행이었다.
우리는 노를 가져가서 물이 뱃전으로 올라올 때까지 기다렸다. 그러다 해변에서
멀어지면 돛을 올리고 운하를 향해 출발했다. 앙데르노는 대서양의 내해 아르카숑 만,
보르도와 가깝다. 좁은 해협으로 바다와 연결되어 하루 두 번씩 물이 찼다 빠지는
커다란 호수를 상상하면 된다. 썰물 때 이곳은 바닷물의 가장 안쪽 경계선이 되는데
바다 밑바닥이 완전히 드러나면서 해초로 뒤덮인 광활한 뻘밭으로 변한다. 유럽에서
가장 큰 백사장이라는 농담이 있을 정도다. 물론 썰물 때만.
뻘밭 경계선에는 진흙 깊숙이 뿌리를 박은 소나무 둥치들이 늘어서 있어서 보트가
들어갈 수 있는 경계선을 표시해준다. 적당한 장비 없이 이곳으로 들어가면 대단히
위험하다. 진흙이 너무 깊어서 자칫 늪처럼 가라앉을 수도 있기 때문이다. 한 학급
전체가 소풍을 나갔다가 밀물이 되면서 뻘밭에 빠져죽었다는 괴담도 떠돌곤 했다.
피에르 삼촌은 진흙밭에서 안전하게 걸어다닐 수 있도록 고무 밴드를 부착한 커다랗고
평평한 나무 신발을 만들어 주었다. 조용한 곳이 눈에 띄면 우리는 보트에서 내렸다.

나는 피에르 삼촌을, 삼촌의 비밀과 신중한 성격을,

농담을 할 때 보여주던 눈웃음을 사랑했다.

삼촌은 절대 불평하는 법이 없었고 말수도 적었다.

아이들에게는 더할 나위 없이 좋은 어른이었다.

물웅덩이에서 물고기를 몰아갈 수 있는 커다란 그물도 있었다. 해초가 둥둥 떠다녀서 물속이 잘 보이지는 않았지만, 그물을 물에서 꺼내면 이것저것 잔뜩 걸려 올라왔다. 게, 해마, 새우, 작은 생선 등등.

잡아올린 것들은 양동이 대용으로 쓰는 철제 우유통 속에 보관했다. 당시만 해도 새우가 많이 올라왔다. 우리가 그물에 정신이 팔려 있는 동안 삼촌은 긴 작살로 뱀장어를 잡았다.

바람, 강렬한 소금과 요오드 냄새, 태양. 바다 한가운데서 시간은 날개달린 듯 흘렀다. 조류가 바뀌면서 물이 다시 들어올 때는 대합이나 맛조개 등을 잡았다. 대합을 잡는 것은 간단했다. 젖은 모래에 손을 쑥 집어넣으면 밀물을 따라 올라오는 조개가 수십 개는 잡힌다. 그렇지만 맛조개는 좀더 신중을 기해야 한다. 일단 8자 모양의 구멍을 찾는다. 이 구멍에 굵은 소금과 물을 약간 집어넣으면 불쌍한 조개는 밀물이 다시 올라온 줄 알고 모래에서 튀어나온다. 이때 날카로운 모서리를 피해서 껍질을 단단히 붙잡지 않으면 도로 모래 속으로 기어들어간다.

마지막으로는 죽은 소나무 둥치에서 생굴과 홍합을 땄다. 삼촌은 피투성이의 뱀장어가 가득 찬 주머니를 들고왔다. 돌아오는 길에는 간혹 보트 주위에서 평화롭게 점프하는 돌고래 떼와 만나는 일도 있었다. 신나는 시간이었.

하지만 이는 시작에 불과했다. 집에 돌아가서 잡은 물고기 수를 세고 저녁 준비를 하는 가장 즐거운 순간이 남은 것이다.

집으로 돌아가면 삼촌은 뱀장어와 맛조개를 손질하고, 우리는 새우와 게를 맡았다. 게를 커다란 팬에 집어넣으면, 잠깐 사이에 붉은색을 띠며 보글보글 거품을 뿜어낸다. 돌이켜보면 월계수잎과 양파 사이에서 게가 익어가는 모습을 바라보는 것은 어린아이에게는 꽤 가학적인 즐거움이었던 것 같다.

할머니 댁에서 보낸 여름철의 큰 즐거움은 다름아닌 저녁 나절의 커다란 식탁이었다. 이때는 모든 식구들이 한자리에 모인다. 삼촌과 고모들, 사촌들 등 모두 열다섯 명이 넘어가는 경우도 있었다. 온 집안이 캠핑장처럼 북적거린다.

삼촌들은 바비큐를 구웠다. 종종 불을 어떻게 하면 잘 피울 수 있는가를 놓고 말다툼이

벌어지기도 했다. 어머니와 이모들은 부엌에서 일했고, 아이들은 열린 창문을 통해
밤바람이 시원하게 불어들고 새 소리가 들리는 거실에서 만화책을 읽었다.
해는 천천히 졌고, 7월이면 밤 10시가 되어야 어두워졌다. 시원한 밤바람이 불면
테라스에서 늦은 저녁식사가 시작된다. 온 가족이 모여 그날 잡은 물고기를 함께 나누어
먹는 기쁨이란. 특히 마늘과 함께 구운 신선한 새우는 맨손으로 먹기 때문에 더욱
맛있었다. 톡 쏘는 마늘향이 어우러진 맛있는 소스가 번들번들하게 묻은 손가락을 쪽쪽
빨아도 뭐라고 하는 사람이 없었으니까.
아이들에게는 즐거움이 끊이지 않던 때였다. 자야 할 시간이 정해 있지도 않았고,
저녁을 먹은 뒤에도 항상 할 일이 있었다. 프랑스 국경일인 7월 14일에는 방파제 위에서
불꽃놀이가 벌어졌고, 성모마리아 축일인 8월 15일에는 시내에 서커스 구경을 나갔다.
그리고 카지노! 카지노야말로 최고였다. 바닷가 산책로의 오래된 극장에는 아주
시끄럽고 환한 룰렛 게임 홀이 있었다. 하지만 긴 테이블에는 아이들만 북적거렸다.
진짜 돈으로 도박을 하는 것이 금지되어 있었기 때문이다. 상은 누가였다. 누가란
아몬드가 들어 있는 사탕이었는데, 어머니는 이 사탕을 좋아하셨기 때문에 그 핑계를
대고 카지노에 가곤 했다. 회전목마도 빼놓을 수 없다. 분홍색 솜사탕을 먹으면서 낡은
나무말을 타는 것은 정말 즐거운 놀이였다.

내 어린시절을 행복하게 해주었던 그곳은 이제 많이 변했다. 회전목마는 모형 비행기와
자동차가 부착된 현대식으로 바뀌었고, 카지노는 비디오 게임장으로 바뀌었으며,
노인네들이 돌아가신 뒤 낡은 집은 다른 사람에게 팔렸다. 피에르 삼촌의 보트는
항구에서 썩어가고 있고, 요즘은 잡고 싶어도 잡을 새우가 없다. 오직 느지막한 시간의
긴 저녁식사만 남아 순수한 행복이 넘치던 그 시절을 회상하게 할 뿐이다. 그래서 내게
음식이란 사라져가는 과거와 현재를 이어주는 마지막 다리와도 같다.

마늘과 함께 구운 새우 *Crevettes sautées à l'ail*

프로방스의 대표적 요리 중 하나로 한 끼 식사로 좋다. 가니시로 곁들이는
속을 채운 홍피망찜을 만드는 방법을 알아두면 요긴하게 활용할 수 있을 것이다.

새우는 껍질만 벗긴다.

쌀과 안초비로 피망 속을 채운다.

야채는 잘게 다진다.

달군 팬에 새우를 굽는다.

구운 새우와 마늘, 야채를 버터에 볶는다.

이렇게 만드세요

1. 새우는 머리는 떼지 말고 내장을 제거한 후 껍질만 벗겨 냉장고에 보관한다.
2. 가니시로 잘 어울리는 홍피망찜을 먼저 만들어보자. 쌀은 흐르는 찬물에 씻어 체에 내린다. 큰 팬에 소금물을 끓이고 여기에 쌀을 조금씩 살살 넣어가며 강한 불에서 15~20분간 끓인다. 이를 다시 체에 붓고, 맑은 물이 걸러져 나올 때까지 흐르는 물 밑에서 내린 후 물이 빠지면 따뜻하게 보관한다.
3. 가지와 양파는 가로세로 1.5센티미터로 썬다. 프라이팬에 올리브유를 두르고 양파를 2~3분간 잘 저으며 볶다가 가지를 넣는다. 5~6분간 함께 더 볶은 후 물기가 빠지도록 흡습지 위에 가지와 양파를 붓는다.
4. 안초비를 가로세로 3밀리미터 두께로 썰어 샐러드 보울에 담는다. 파슬리는 흐르는 물에 씻어 물기를 뺀 후 잘게 다진다. 파슬리, 볶은 가지와 양파, 2번의 익힌 쌀을 안초비와 섞는다.
5. 홍피망에 가로세로 3센티미터 크기의 구멍을 내고 4번 재료로 속을 채운 후 뚜껑을 다시 끼운다. 위에 올리브유를 살짝 뿌리고 200도의 오븐에서 15분간 익힌다. 오븐이 없으면 홍피망을 랩으로 싸서 찜통에 넣고 25분간 찌면 된다. 이때 월계수잎

재료(4인분)

참새우 1킬로그램(20~30마리)
통마늘 8개
토마토 3개 레몬 2개
올리브 20개 쪽파 1대
버터 3.5수프스푼
케이퍼 1수프스푼
올리브유 1.5수프스푼

홍피망찜
홍피망 4개 쌀 350그램
양파 1개 안초비 2마리
가지 2개 파슬리 3송이
소금 약간
올리브유 1수프스푼

도구

작은 칼 체
큰 팬 2개 도마
나무주걱 흡습지
샐러드 보울 프라이팬
찜기 찜통이나 오븐

3~4장을 넣으면 좋다. 이렇게 익히면 홍피망찜이 완성된다.

6 레몬은 껍질을 벗긴 후 얇게 썰어 3/4정도 물을 채운 팬에 넣고 끓여 체에 거른다.

7 올리브는 씨를 빼내고 4조각으로 자른다. 토마토는 5밀리미터 크기의 정육면체로 자른다. 마늘은 얇게 썰고 쪽파는 2센티미터 길이로 자른다.

8 프라이팬에 올리브유를 두르고 뜨겁게 달군 후 1번의 새우를 굽는다. 양면을 각각 2분씩 굽는다. 다 구워지면 6번의 레몬과 7번의 마늘, 올리브, 토마토, 쪽파, 케이퍼 그리고 버터를 넣고 한 번 더 볶는다.

9 완성된 새우와 홍피망찜을 함께 내놓는다.

비용 🍎🍎🍎 | 시간 🍎🍎🍎 | 난이도 🍎🍎🍎   TIP ⋯▶ 175쪽

사과 크림 소스 돼지갈비

1. 접대…이 요리는 밥과 같이 낼 수도 있는데, 한국쌀보다는 길쭉한 쌀이 적당하다. 또한 과일의 당분은 고기 냄새를 없애주기 때문에 돼지고기는 과일과 함께 먹으면 좋다. 포크커틀릿에는 사과 잼, 자두, 생강과 향신료로 캐러멜처럼 만든 파인애플 등을 곁들이면 잘 어울린다.
2. 소믈리에의 팁…뮈스카 드라이 같은 스위트 와인, 청량감이 일품인 사과술 시드르를 권하며 간혹 칼바도스를 곁들이기도 한다.

버터 소스 가자미 구이

1. 어떤 생선을 사용할까…이 요리에는 가자미 외에도 광어, 넙치, 도미, 우럭 등 납작한 흰살 생선은 뭐든지 사용할 수 있다. 농어를 샀다면 비늘을 벗긴 후 밀가루를 입히지 말고 바로 튀기는 것이 맛있다.
2. 접대…생선 한 마리를 통째로 내놓는 것보다는 손질해서 내놓는 것이 먹기에 편하다. 우선 꼬리와 머리를 잘라내고, 등과 배 부분의 작은 뼈를 양쪽으로 발라낸다. 마지막으로 가운데 등뼈를 따라 살을 반으로 갈라 놓으면 쉽게 먹을 수 있다. 반대편도 똑같이 한다. 먹기 전에 케이퍼, 다진 파슬리, 깍둑썰기한 토마토 등을 곁들여도 좋다.
3. 소믈리에의 팁…이 요리에는 도수가 낮은 화이트 와인을 권한다. 지나치게 달거나 씁쌀하지 않은 소비뇽 와인이 좋다. 앙트르 되 메르 같은 화이트 보르도 와인이면 완벽할 듯.

홍합찜과 프렌치 프라이

1. 홍합 요리…홍합 요리법은 다양하다. 홍합의 입을 벌리고 익히는 과정에서는 보통 화이트 와인을 사용하지만, 소스에는 입맛에 따라 다양한 재료를 추가할 수 있다. 크림을 넣거나, 베이컨 구이를 넣어도 좋고, 인도 음식을 좋아하는 사람은 카레 카루를 넣기도 한다. 파스티스와 타임, 로즈마리, 세이지 등의 허브를 풍부하게 넣기도 하고, 크림에 녹인 블루 치즈와 먹기도 한다.
2. 홍합 구입…5월~9월 사이에는 피하는 것이 좋다. 손질할 때는 칼로 겉에 붙은 해초와 찌꺼기 등을 제거하고 흐르는 물에 씻는다. 아주 신선한 홍합은 물을 담은 주머니에 넣어 얼려 두었다가 해동시켜 먹기도 한다. 신선한 홍합은 입을 닫고 있다.
3. 셰프의 팁…프렌치 프라이를 할 때는 기름이 팬이나 튀김기 부피의 절반을 넘지 않도록 한다. 그래야 기름이 튀지 않는다. 만약 기름에 불이 붙으면 절대 물을 붓지 말고 천으로 덮어 끄도록 한다.

마늘과 함께 구운 새우

1. 새우 고르기…요즘 시중에 나오는 새우는 대부분 태국산이며 냉동제품이 많다. 하지만, 요리만 잘 하면 냉동 새우와 생새우의 차이는 별로 크지 않다. 단, 껍질이 붙은 통새우를 준비해야 한다.
2. 프랑스의 쌀…프랑스인도 가니시나 사이드 디시, 디저트로 쌀을 많이 먹는다. 하지만 한국쌀과는 상당히 틀리다. 끈적끈적하지 않고 쌀알이 좀더 길며 고소하다. 찰기가 적기 때문에 버터나 소스를 끼얹어 먹는다. 프랑스 음식, 특히 생선요리와 잘 어울리며, 따뜻한 크림이나 다진 양파, 마늘, 파슬리, 볶은 야채와 섞어 먹어도 좋다. 소금과 후추는 기본이다.
3. 소믈리에의 팁…이 요리에는 보르도, 뮈스카데 같은 드라이 화이트 와인이나 로제 와인을 추천한다. 아주 차갑게 마셔야 좋다.

Dessert

디저트

프렌치 토스트 *Pain perdu*

초콜릿 무스 *Mousse au chocolat*

우유 쌀 푸딩 *Riz au lait*

크레프 *Crêpes*

Pain perdu

추억은 예기치 못한 순간에 불쑥불쑥 되살아난다. 이상하게도 맛과 냄새는 돌아가신 분들과 함께 지냈던 시간을 기억하게 한다. 어쩌면 이것은 그분들이 세상에 마지막으로 남겨놓은 유품일지도 모르겠다.

시간을 뛰어넘는 향기의 힘

프렌치 토스트

마르셀 프루스트의 유명한 소설 『잃어버린 시간을 찾아서』에 등장하는 마들렌처럼, 프렌치 토스트는 옛 기억을 떠올리게 한다.

이 소박한 디저트를 생각하면 나는 수요일 오후 할머니와 함께 지내던 어린 시절, 완전히 잊혀진 채 그림자처럼 남아 있는 어린 시절로 되돌아간다. 이제 사람들은 사라졌고 집도 사라지거나 다른 사람에게 넘어갔으니, 그 기억이 정말 존재했던 것인지 확인할 길이 없다.

혹시 꿈은 아니었을까? 하지만 추억은 예기치 못한 순간에 불쑥불쑥 되살아난다. 이상하게도 맛과 냄새는 돌아가신 분들과 함께 지냈던 시간을 기억하게 한다. 어쩌면 이것은 그분들이 세상에 마지막으로 남겨 놓은 유품일지도 모르겠다.

어머니가 직장에 다니셨기 때문에 나는 할아버지, 할머니와 많은 시간을 함께 보냈다. 프랑스에서는 수요일 오후에는 수업이 없다. 그래서 수요일에는 보통 할머니가 학교까지 나를 데리러 오셨다.

우리는 함께 집까지 걸어오면서 책방에 들러 수집하고 있는 스티커와 주간지를 사고,

그런 다음 빵집에 들러 바게트를 샀다. 언제나 빵집 아줌마한테 키스를 해야 했는데, 아줌마는 수염이 나 있었기 때문에 어린 내게 이 일은 정말 고역이었다.

낡은 작업복 차림의 늙은 식료품점 아저씨와도 인사를 나눴다. 당시만 해도 동네에는 작은 가게가 참 많았다. 가게는 대부분 조용하고 먼지투성이였지만, 주민들이 서로 알고 가깝게 지내는, 정겨운 마을의 분위기가 있었다. 지금은 슈퍼마켓이 생기면서 모두 사라져버렸다.

집에 돌아와 놀다보면 할머니가 부르신다. 간식이 다 된 것이다. 할머니는 내가 무슨 음식을 좋아하는지 잘 아셨기 때문에 항상 달콤한 맛이 나는 작고 바삭바삭한 프렌치 프라이를 만들어 주셨다. 나는 노란 식탁보가 깔린 커다랗고 둥근 식탁을 좋아했는데, 식탁에 앉아 프렌치 프라이를 먹고 있으면 커다란 창문으로 하늘을 향해 환히 트인 집 뒤뜰이 내다보였다. 모든 것이 너무나 고요했다.

할머니는 케이크를 아주 잘 만드셨지만, 시간이 많지 않을 때 자주 만들어주셨던 것이 바로 프렌치 토스트였다. 특히 부엌에 굳기 시작한 빵이 있으면 할머니는 항상 이 맛있고 쉬운 디저트를 만드셨다. 빵을 큼직하게 잘라 걸쭉한 크림에 담근 다음 달걀 반죽을 얇게 입혀 버터에 굽고, 눅진눅진한 설탕에 굴리면……그 향기란!

할머니는 크레프나 프렌치 토스트, 도넛을 만들 때 향이 들어간 물을 즐겨 쓰셨다. 그러면 실제보다 열량이 적은 것처럼 느껴지기 때문이었는데 어머니는 물론 이런 요리법에 반대하셨다. 그렇게 먹었다가는 돼지처럼 살이 찐다고. 그렇지만 이 향기를 맡고 있으면 상상은 하늘을 날았다.

로즈워터의 이국적인 향은 동방의 도시를 연상시켰다. 알렉산드리아, 마드라스, 이스탄불 등등. 책에는 이 도시들에선 로즈워터가 강물처럼 흐른다고 써 있었다.

가장 좋아했던 향은 오렌지꽃 향이었는데, 잡화점에 가면 빛이 들어가지 않도록 진한 청색 유리병에 담아서 팔았다. 오렌지꽃의 향은 오렌지 자체보다 훨씬 가볍고 정제된 느낌이다. 꽃처럼 섬세하고 민감한 향. 이 향을 맡으면 한 번도 가본 적이 없는 나라, 오렌지를 많이 재배하는 모로코나 알제리 같은 나라가 떠올랐다.

향기는 상상속에서나마 이국으로의 여행을 가능하게 해주었다. 땅 전체가 최고의 음식을 차려놓은 식탁 같은 냄새를 풍기는 곳, 흙먼지로 하늘이 녹아내리는 듯한 뜨거운 오후, 고요한 바다의 푸른 빛과 오후의 뜨거운 태양 아래 힘없이 늘어져 있는 꽃과 허브로 가득한 곳 등 어디든지 갈 수 있었다.

어린 시절 자주 놀러갔던 지중해는 대서양 연안에 자리잡은 고향마을의 서늘한 날씨와 솜사탕 같은 구름이 바다와 소나무 위에 둥실 떠 있는 푸른 하늘에 익숙하던 내게 너무나 이국적이었다. 이곳의 냄새는 송진 냄새, 바닷물결을 타고 흘러오는 요오드 냄새다. 허기진 상상 속에서 그곳은 매혹적이지만 훨씬 단순한 세상이었다.

내게 있어 대서양은 수평선이 아니라 사막, 광대한 바다의 벽이었다. 저 앞 멀리멀리 떨어진 곳에 미국이 있다. 앞으로 곧장 나아가면 경이의 땅, 모든 것이 크고 현대적인 미국이 있는 것이다.

솔직히 어린 상상력이 감당하기에 미국은 너무나 멀었다. 어린 시절 나는 미국을 동경해본 적이 없다. 인도나 중국이 같은 대륙에 있고 그쪽 문화를 책이나 아동잡지를 통해 많이 접해봤기 때문에 오히려 더 가깝게 느껴졌다. 내게 있어 미국은 사람들이 1950년대처럼 살고 있는 큰 나라에 불과했고, 주로 동물이 살고 있는 나라였다. 미키 마우스, 도날드 덕과 그의 조카들 등등. 아마 1970년대에 출간되었으면서 여전히 1950년대의 미국을 소개했던 미키 잡지 『미키 신문』(Le journal de Mickey) 때문이었을 것이다.

할머니는 날씨가 언제나 맑은 지중해의 작고 아름다운 섬 이야기를 몇 번이나 해주셨다. 그러면 나는 친구들과 함께 게임을 하곤 했다. 카우보이나 인디언 게임이 아니라 그리스 신화의 영웅과 인도의 수도승, 중국의 은자, 이집트의 사제가 되어 놀았다. 이것 저것 뒤섞이기는 했지만 벌써 굉장히 글로벌화된 역사의식이 아닌가!

대륙과 바다를 가로지르고 시대와 문화를 뛰어넘어 여행하게 해주는 힘, 이것이 남은 음식을 긁어모아 향을 살짝 뿌린 디저트의 힘이었다.

지난 시절은 돌이켜보면 까마득한 옛날처럼 느껴진다. 하지만 프렌치 토스트만은 원래의 힘을 그대로 간직하고 있다. 시간과 공간을 뛰어넘어 이제는 잃어버린, 하지만 완전히 사라지지는 않은 추억을 되돌려주는 힘을 가지고 있다. 향기 나는 프렌치 토스트를 한 번 만들어보시라. 향에 실려 어딘가로 날아갈 수 있다면 멋진 일이 아닌가.

프렌치 토스트 *Pain perdu*

냉장고에 아무것도 없는데 갑자기 아이들이 배고픈 친구들을 데리고 집에 들이닥쳤을 때 급히 해줄 수 있는 훌륭한 디저트.

| 크림에 설탕과 레몬, 오렌지 껍질을 섞는다. | 브리오슈를 설탕, 레몬, 오렌지 껍질을 섞은 크림에 적신다. | 달걀물이 잘 배도록 푹 담가준다. | 버터에 2분간 굽는다. | 설탕 위에 굴리면 완성이다. |

이렇게 만드세요

1 브리오슈는 2.5센티미터 두께로 썬다. 집에 부드러운 식빵이 있다면 그걸 사용해도 좋다. 오래 되서 굳기 시작한 빵이 있다면 깨끗한 수건을 물에 적셔 빵을 잘 감싼 후 냉장고에 보관한다. 서너 시간 후에 꺼내서 오븐이나 토스터에 2~3분가량 돌리면 부드러워진다.

2 크림에 설탕 5수프스푼, 레몬과 오렌지 껍질을 섞는다.

3 브리오슈를 크림, 레몬과 오렌지 껍질을 섞은 것에 푹 담근다.

4 3번의 브리오슈를 2~3분간 체에 올려 물기를 뺀다.

5 달걀을 깨뜨려 포크로 잘 저은 후 브리오슈를 담근다. 달걀물이 잘 배면 떠낸다.

6 프라이팬에 버터를 넣고 거품이 날 때까지 가열한다. 여기에 브리오슈를 넣고 양면을 각각 2분간 굽는다.

7 남은 설탕을 그릇에 붓고 양면에 고루 설탕이 묻도록 잘 구워진 브리오슈를 굴린다.

8 완성된 프렌치 토스트는 그대로 먹어도 좋지만, 취향대로 시럽 등을 뿌려도 맛있다.

비용 🍎🍎 | 시간 🍎 | 난이도 🍎   TIP → 205쪽

재료(4인분)

브리오슈 1덩어리
달걀 3개   오렌지 1개
레몬 1개   휘핑크림 3/4컵
설탕 14수프스푼
버터 2수프스푼

도구

도마   작은 칼
보울   주걱
체   포크
프라이팬

Mousse au chocolat

커다란 유리컵이 식탁에 도착하면 진하고 검은 무스에 숟가락을 가져간다. 가장 행복한 순간이다. 입 안에서 사르르 녹는 초콜릿의 부드러운 촉감이란!

달콤한 초콜릿의 역사
초콜릿 무스

나는 부모님과 식당에 가는 것을 몹시 좋아했다. 음식을 워낙 좋아해서 아무거나 가리지 않고 맛있게 먹었던 기억이 난다. 어른들은 내가 여러 가지 음식을 잘 먹는 것을 보고 놀라곤 하셨다. 식당에 어른들과 같이 갔을 때 좋아하는 음식이 메뉴에 없어 곤란을 겪은 적도 없다.

그렇지만 나에게도 어린아이답게 정말 좋아하던 음식이 있었다. 바로 초콜릿 무스다. 어쩌면 아이들이 가장 고대하는 순간은 바로 초콜릿 무스를 먹을 수 있는 디저트 시간이 아닐런지.

커다란 유리컵이 식탁에 도착하면 진하고 검은 무스에 숟가락을 가져간다. 가장 행복한 순간이다. 입 안에서 사르르 녹는 초콜릿의 부드러운 촉감이란!

언제나 컵은 너무 작은 것 같았고, 마지막 무스 한 톨까지 깨끗이 먹어치웠다. 오죽하면 어른이 되면 커다란 무스통을 집에 갖다놓고 매일 퍼먹겠다는 것이 내 꿈이었을까.

배탈이 나도 좋았다.

어린 시절 내게 '어른'이란 '그만 먹어라, 배탈나겠다!' 같은 부모님 잔소리를 듣지 않고도 모든 음식을 마음껏 먹을 수 있는 인생의 황금기를 의미했다. 그만큼 초콜릿 무스가 맛있었다는 이야기다.

하지만 초콜릿이 처음부터 아이들의 황홀한 디저트였던 것은 아니다. 오랜 세월 동안 초콜릿은 성인 귀족들만 누릴 수 있는 '쾌락'이었다.

초콜릿의 역사는 식민지 침략의 시대로 거슬러 올라간다. 유럽 사람들은 르네상스 이전만 해도 초콜릿을 몰랐다가, 유명한 스페인 정복자 코르테스(1485~1547)와 함께 그 역사가 시작되었다. 코르테스가 초콜릿의 우수한 가치를 처음으로 알았던 유럽인인 셈이다. 14세기부터 16세기까지 멕시코 중남부를 지배했던 아스텍 제국, 즉 오늘날의 멕시코에 처음 도착한 그는 아스텍 제국의 황제 몬테수마 2세에게서 금잔에 가득 담긴 소콜라틀(xocolatl: 코코아로 만든 진하고 검은 음료수)을 하사 받는다.

아스텍 제국에서는 코코아 나무를 재배했는데, 그 열매를 화폐로 사용하기도 하고 음료수로도 만들어 마셨다. 코코아 나무를 최초로 재배한 민족은 남미의 마야족이지만, 그들은 그것을 화폐로만 사용했다. 아스텍으로 금을 찾으러 갔다가 소콜라틀을 맛본 코르테스는 그것의 화폐가치에는 흥미가 없었지만(금이 더 좋았을 것이다) 그 음료수가 기분을 좋게 한다는 것을 알게 되었다.

그는 다음 해 스페인의 카를 왕에게 새로운 먹을거리인 코코아를 발견했다는 편지를 썼고, 10년 뒤 본국으로 가지고 돌아갔다. 르네상스 시대였던 터라 왕은 새로운 것이라면 무엇이든지 관심이 많았다. 하지만 코르테스가 가지고 온 이 이국적인 맛의 초콜릿 음료는 왕의 마음에 들긴 했지만 지나치게 쓴 감이 있었다. 그래서 왕은 더 좋은 레시피를 개발하라고 멕시코의 수녀들과 수도회 사이에 경쟁을 붙였고, 여러 가지 시행착오를 거듭한 끝에 수녀들은 오늘날 우리가 알고 있는 레시피를 개발해냈다.

초콜릿의 제조 과정은 길고 복잡하다. 우선 코코아 콩을 발효시킨 후 말리고 세척하고 분류하고 볶는다. 그런 다음 8~9시간 동안 갈고, 사흘 동안 치대서 반죽으로 만든 뒤 이 반죽에 우유, 설탕 등을 넣고 코코아 가루와 초콜릿을 만든다. 진짜 초콜릿, 아주 비싼 초콜릿은 이런 복잡한 방법으로 만드는 것이다.

요즘 나오는 초콜릿은 순 코코아에 설탕과 코코아 버터를 다량 첨가한 것이다. 순수한 초콜릿은 건강에 해롭지 않으며, 설탕만 지나치게 섞지 않으면 먹어도 살이 찌지 않는다. 페닐에틸아민을 함유하고 있기 때문에 우울증 개선에도 좋다.

초콜릿의 맛과 효능을 알게 된 카를 왕의 궁정에서는 초콜릿을 곧장 받아들였다. 1580년 스페인에 처음으로 코코아 나무가 심어졌으며 그 이후 유럽 전역에 퍼지기 시작했다. 17세기 초 네덜란드는 자바, 수마트라, 필리핀, 뉴기니, 사모아, 인도네시아로 초콜릿을 수출했고, 프랑스는 17세기에 카리브 해의 마티니크 섬과 브라질로 전파했다. 18세기까지 초콜릿은 유럽 각지의 귀족과 부자들에게 커피보다 더 사랑받는 음료수였다. 심지어 프랑스 왕비 마리 테레즈가 사랑한 것은 단 두 가지, 남편 루이 14세와 초콜릿이었다는 이야기가 전해질 정도다.
19세기로 접어들면서 사회가 민주화되고 식민지 개발과 무역이 성행하면서, 초콜릿은 귀족들만의 특별한 먹을거리에서 벗어나 대중에게도 사랑을 받게 되었고, 여러 가지 디저트에 널리 쓰이게 되었다.

지금은 사라진 제국이지만 한때 융성했던 한 제국의 화폐였던 것이 오랜 세월 여러 지역을 거치면서 전 세계 어린이들의 마음을 사로잡은 간식이 되었다니 초콜릿은 맛은 물론이고 그 문화사적 배경까지도 재미를 준다. 돈이 달콤한 간식으로 변한 셈이다. 그런 일이 또 있을 수 있을까.
우리가 지금 쓰고 있는 동전이나 지폐들은 아무리 세월이 흐르고 지역을 넘어가도 맛있는 간식으로 바뀌지는 못할테니 아쉬울 따름이다.

초콜릿 무스 *Mousse au chocolat*

대표적인 프랑스의 디저트로 만들기가 다소 까다롭다.
하지만 초콜릿을 좋아하는 사람에게는 최고의 디저트가 될 것이다.

초콜릿과 버터를 섞어 중탕한다. | 크림은 걸쭉해질 때까지 젓는다. | 따뜻한 초콜릿에 달걀 노른자위를 넣고 잘 섞는다. | 앞의 초콜릿에 달걀 흰자위, 크림을 섞는다. | 완성된 무스는 24시간 후에 먹는다.

이렇게 만드세요

1. 큰 팬에 물을 절반쯤 붓고 천천히 끓인다. 토막낸 초콜릿과 버터를 용기에 담은 후, 따뜻한 물 안에서 중탕한다. 초콜릿은 고온에서 타버리므로 물 온도가 40도를 넘지 않도록 주의한다.

2. 다른 용기에 달걀 5개의 흰자위, 설탕, 소금을 넣는다. 나무주걱으로 잘 저은 후 40도 정도로 중탕한다. 거품이 생기지 않도록 계속 저어야 한다.

3. 달걀 흰자위 섞은 것이 40도가 되면 1분간 조심스럽게 거품기로 휘저은 후 흰자위가 굳을 때까지 점점 빨리 젓는다. 온도를 유지해야 하며 자동거품기를 이용해도 된다.

4. 크림이 걸쭉해지도록 거품기로 저어 휘핑크림을 만든다.

5. 1번의 녹인 초콜릿을 큰 보울에 붓고 달걀 4개의 노른자위를 넣고 잘 섞는다. 여기에 3번의 달걀 흰자위를 넣고 섞는다. 주걱으로 부드럽게 저어야 한다. 그런 다음 크림을 넣고 저으면 초콜릿 무스가 완성된다.

6. 초콜릿 무스를 작은 용기에 3/4 정도 채워넣고 랩으로 씌운 후 냉장고에 보관했다가 24시간 후에 먹는다.

비용 🍎🍎🍎 | 시간 🍎🍎 | 난이도 🍎🍎   TIP…→205쪽

재료(4인분)

디저트용 다크 초콜릿 320그램
달걀 5개
버터 5수프스푼
설탕 6수프스푼
휘핑크림 1/4컵
소금 약간

도구

큰 팬 2개	도마
작은 칼	나무주걱
거품기	보울
주걱	비닐랩
조리용 온도계	
디저트용 작은 용기	

Riz au lait

부드러운 우유로 감싸인 쌀알과 달콤한 향,
혀 위에서 모든 맛이 폭발한 후 매끄러운 질감으로 입 속에서 녹아 사라지는 그
맛. 얼마나 달콤하던지!

아픈 아이의 오후 디저트
우유 쌀 푸딩

"오늘은 학교에 가지 말아라. 엄마랑 집에서 쉬어야겠다."
열이 나서 일어나지 못하는 아침이면 어머니는 내 이마를 짚으시며 이렇게 말씀하시곤 했다. 아파서 누워 있긴 해도 저절로 나오는 미소를 억누르기란 너무 힘든 일이었다.
어린 시절 나는 인두염을 자주 앓았다. 그럴 때면 목이 부어서 침을 삼킬 수가 없고 미열이 난다. 그렇게 아픈 날이면 학교에 가지 않고, 잠옷이나 실내복을 입고 하루 종일 집에 있었다.

"몸은 좀 어떻니?"
"그냥 그래요."
내가 목이 부어 학교에 가지 못하면 어머니가 자주 해주시던 음식이 있었다. 뜨거운 수프는 당연히 빠지지 않았고, 내 마음을 사로잡은 건 디저트로 나오는 우유 쌀 푸딩이었다. 부드러운 우유로 감싸인 쌀알과 달콤한 향, 혀 위에서 모든 맛이 폭발한 후 매끄러운 질감으로 입 속에서 녹아 없어지는 그 맛. 얼마나 달콤하던지!

우유 쌀 푸딩은 내가 정말 좋아하는 음식이다. 이것 말고도 좋아하는 음식은 많지만 이 음식이 좋은 건 특별한 맛 때문만은 아니다. 맛도 맛이지만 이 음식을 떠올리면 기분 좋은 추억이 함께 생각나기 때문이다.

우유 쌀 푸딩은 아프던 날의 기억들을, 열이 너무 높아서 학교에 가지 않고 어머니와 하루 종일 함께 있을 수 있었던 즐거운 하루를 떠올리게 한다.

나른하고 긴긴 오후. 친구들은 모두 학교에 갔기 때문에 마치 세상에 혼자 있는 기분이었다. 열이 나서 쉬고 있으니 당연히 해야 할 일도 없고, 텔레비전 채널도 지금처럼 많지 않았기 때문에 평일 아이들이 볼 만한 프로그램도 전혀 없었다. 게다가 섣불리 뭔가를 하거나 너무 좋아하는 표정을 잘못 지었다가는 어머니가 몸이 나았나보다 생각하시고 오후수업에 가라고 할 위험이 있기 때문에 적당히 아픈 척, 힘든 척을 해야 했다. 시간이 지날수록 오후는 자꾸 늘어나는 것 같았다. 지루하고 끝이 안 보이는 오후. 그래도 학교에 가는 것보다 몇 배나 더 좋은 건 틀림없었다.

나는 어릴 때부터 어머니가 요리하실 때 옆에서 도와드리는 것을 무척 좋아했다. 어머니는 요리를 하실 때면 옆에 있는 내게 냉장고에서 이런저런 재료를 꺼내오라고 하셨다. 재료를 꺼내면서 저울에 양을 직접 달아보기도 하고, 섞어보기도 하곤 했다. 모든 재료들이 섞여 하나의 음식으로 만들어지는 과정을 보는 것도, 서서히 완성되어가는 음식을 길다란 나무 주걱 끝으로 조금씩 맛보는 것도 큰 재미였다. 케이크를 만들 때는 아예 오븐 유리문 앞에 자리잡고 앉아 반죽이 부풀어오르는 것을 지켜보기도 했다.

어머니는 마음이 내킬 때는 비스킷도 만들어주셨는데, 이때는 반죽을 갖가지 모양으로 찍어내는 것이 내게는 엄청난 영광이자 중대한 임무였다. 곰, 별, 초승달, 토끼, 크리스마스 트리 등등 모양은 가지가지였.

과자가 완성되면 어머니는 눅눅해지는 것을 막기 위해 금속 상자에 넣은 뒤 내 손이 닿지 않는 높다란 부엌 찬장 위에 올려놓았다. 하나라도 더 먹고 싶었지만 그래도 아프기 때문에 먹고 싶다는 내색을 할 수가 없었다. 고문과도 같이 고통스럽지만 거절해야 한다. 어머니가 만들어주신 우유 쌀 푸딩이 나오면 얼굴표정을 관리하기가 너무 어려워진다. 마음이야 바닥까지 싹싹 긁어먹고 조금 더 달라고 말하고 싶지만 그래서는 안 된다. 나는 '아픈' 아이니까.

몇 숟가락쯤을 남기고 자리에서 일어나는 내게 어머니는 걱정스럽게 물으셨다.

"마저 먹지 그러니?"

"됐어요. 배고프지 않아요."

"이런, 너 어떻게 된 거니? 집에 하루 더 있어야겠구나."

모든 일에는 대가가 있는 법. 하루 더 집에서 뒹굴며 아무 일도 하지 않고 어머니의 관심과 사랑을 받는 일이라면야 그 정도의 희생은 치를 가치가 있었다. 더욱이 우유 쌀 푸딩이 있었으니 모처럼의 휴일은 늘 즐거웠다.

우유 쌀 푸딩 *Riz au lait*

우유와 쌀이 부드럽게 어우러진 맛이 일품이다.
프랑스뿐만 아니라 한국 사람의 입맛에도 잘 맞는 디저트.

우유, 설탕, 쌀을 함께 끓인다.

크림에 과일조림과 오렌지 껍질 등을 섞는다.

쌀과 소스를 섞어 잘 젓는다.

우묵한 그릇에 담는다.

오븐에 구워 낸다.

이렇게 만드세요

1 팬에 우유를 붓고 설탕과 잘 씻은 쌀을 섞어 함께 끓인다. 계속 저으면서 끓이다가 쿠킹디시에 부어 200도 오븐에서 30분간 찐다. 오븐이 없으면 밥솥에 버터를 잘 바르고 20분간 조리한다. 이때 쌀이 타지 않도록 주의한다. 만약 쌀이 타면 우유를 넣어 부드럽게 섞으면 된다. 수시로 요리 상태를 확인해야 한다.

2 보울에 크림을 넣고 달걀 노른자위, 설탕에 조린 과일, 오렌지 껍질, 로즈워터를 넣고 주걱으로 잘 젓는다. 로즈워터가 없다면 넣지 않아도 상관없다. 그런 다음 1번의 찐 쌀에 넣고 덩어리가 없어질 때까지 잘 섞는다.

3 오븐에 넣어 그라탕으로 만든다. 노릇노릇해질 때까지 240도에서 2분간 가열한다. 오븐이 없으면 생선용 작은 그릴도 상관없다.

4 따뜻할 때 내놓는다. 물론 식어도 맛있다.

재료(4인분)

한국쌀 1컵
우유 2컵   설탕 5.5수프스푼
휘핑크림 1.8컵
오렌지 2개
달걀 노른자위 5개
설탕에 조린 과일 2.5스푼
로즈워터 2티스푼(임의대로)

도구

팬   나무스푼
나무주걱 보울
쿠킹디시 오븐 혹은 밥솥
그릴

비용 🍎 | 시간 🍎 | 난이도 🍎   TIP → 205쪽

Crêpes

크레프를 만들 때는 왼손에 동전 하나를 쥐고 한다는 것을 기억하자. 반짝거리는 둥근 금속제는 태양과 크레프의 상징이다. 프랑스에서는 첫 번째로 만든 크레프에 보통 그 동전을 싸서 다음 해까지 부엌 찬장 꼭대기에 올려놓는다.

식탁 위의 빛과 번영의 상징
크레프

어린 시절, 2월 2일 샹들뢰르(Chandeleur: 성촉절)는 크레프, 즉 프랑스식 팬케이크를 학교에 가져가는 날이었다. 이날은 우리가 손꼽아 기다리던 연중행사 카니발이 시작되는 날이다. 초콜릿 시럽, 잼, 호두 크림 같은 크레프 속을 채울 재료를 같이 가져가서 둘둘 말아 한입에 먹어치웠다.

카니발은 보통 사순절 전주에 열린다. 기독교 국가에서는 예수가 40일간 사막에서 방황한 것처럼 부활절 전 40일 동안 금식하는 전통이 있다. '재의 수요일'부터 금식을 시작하는데, 금식기간 동안에는 달걀, 기름, 고기, 술 등을 먹을 수 없다(카니발의 어원은 '고기 없이 지낸다'는 뜻의 이탈리아 어 '카르넬레바레' carnelevare이다). 이 기간은 기도와 명상을 위한 시간이다. 그래서 많은 나라에서는 금식이 시작되기 전날 성대한 파티를 열어 음식을 많이 먹고 가장행렬을 하는 전통이 있다. 보통 '기름의 화요일', 프랑스 어로는 마르디 그라(Mardi gras: 참회의 화요일)라고 부른다. 오늘날에는 종교적인 의미는 많이 퇴색했지만, 브라질의 카니발처럼 세계각지에서 여전히 성대한 축제가 열리고 있다.

내 고향 보르도의 카니발은 규모가 작고 아기자기하다. 예쁘게 꾸민 수레가 큰길을 행진하고, 알록달록한 드레스와 커다란 지점토 마스크를 쓴 사람들이 그 뒤를 따른다. 길다란 죽마 위에 올라탄 어릿광대와 밴드걸, 악단이 거리에서 춤을 추며 색종이 조각을 흩뿌린다. 카니발 킹도 선출한다.

이날은 학교에서도 즐겁게 노는 날이다. 크레프를 학교에 가져와서 친구와 선생님과 나눠먹기도 하고, 도넛과 프리터(fritter: 밀가루에 달걀 노른자위, 우유, 물을 넣어 반죽한 것을 고기나 야채, 과일 등에 입혀 튀긴 것)를 만들어주는 집도 있었다. 그 시절 2월 2일은 그저 공부를 쉬고 즐기는 날로, 이 축제의 진정한 의미는 미처 알지 못했다.

카니발에는 유럽 역사와 관계된 재미있는 이야기가 있다. 한국의 오랜 전통에도 카니발과 유사한 점이 많이 있다. 기독교의 휴일과 축일의 많은 부분은 사실 옛 이교도의 전통에 뿌리박고 있는데, 이는 수세기에 걸쳐 형성된 오랜 전통을 교회가 완전히 지운다는 것이 사실상 불가능했기 때문이다. 교황은 명절의 의미만 기독교 신앙에 맞게 바꾸어서 기존 달력을 기독교 달력으로 대체했다.

카니발이 시작되는 2월은 한국과 마찬가지로 싹이 트는 달, 새들이 짝짓기를 하는 달이다. 2월이 되면 낮이 길어지고 모진 겨울 추위는 한풀 꺾인다. 그래서 북반구의 모든 나라에서 2월은 머나먼 옛날부터 새 봄과 한 해의 시작을 축하하는 달이었고, 이때 행해지는 의식에는 빛을 숭배하고 한 해의 풍작을 기원하는 의미가 담겨 있었다. 어떤 의식이든 특별한 음식이 빠질 리 없다. 한국의 송편과 떡국처럼 유럽에서는 곡물과 관련된 음식을 준비하는데 이때 먹는 것이 바로 크레프였다.

그렇다면 카니발과 크레프를 먹는 전통은 어디에서 생긴 것일까? 로마 시대에는 2월에 아주 중요한 축일이 여러 날 있었는데 그중에 15일경에 열리는 루페르칼리아Lupercalia가 있었다. 이는 풍요의 여신 루페르쿠스에게 바치는 축제로, 씨 뿌리는 계절인 봄이 왔음을 기뻐하는 날이다. 사람들은 타오르는 횃불을 들고 길거리에서 뛰어다녔다. 이날은 방종과 환락의 날이기도 했다. 겨울과 봄, 가는 해와 오는 해, 죽음과 삶, 한 쪽에서 다른 쪽으로 변화하고 이동하는 관문과 같은 날이기 때문에 사람들의 성격과 역할이 잠깐 동안이나마 바뀐다.

예를 들어 주인과 노예가 역할을 바꾸기도 했고, 평소의 금기나 금지도 이때는 허용이 되었다. 이는 자연의 섭리가 변화하듯, 사회질서를 바꾼다는 의미였다. 단식과 참회의 사순절과, '기름의 화요일'이 대비되는 것과 마찬가지다.

지금의 카니발은 이 루페르칼리아 축제에서부터 시작되었고 옛날 사람들이 이날 만들어 먹었던 작고 둥근 팬케이크는 크레프 전통의 원조가 되었다.

하지만 크레프는 여러 문화가 만나면서 생긴 결과물이기 때문에 이것만으로는 설명이 부족한 감이 있다.

켈트 문화에서는 같은 시기에 빛이 되돌아오는 계절을 축하하는 성대한 축일이 있었다. 켈트 족에게 밤과 겨울만큼 두려운 것은 없었다. 따라서 그들은 태양신을 섬겼고, 이 축일에 태양의 바퀴를 상징하는 둥근 팬케이크를 만들었다. 이 팬케이크는 2월의 첫날 임볼크 Imbolc 신에게 바치는 의식에서 제물로 사용했는데 물을 정화하여 다산을 기원하고 곡식의 신들을 만족시키는 의식이었다.

5세기경에 접어들면서 기독교는 로마 제국의 국교가 되었지만 옛 이교도의 전통도 여전히 살아남아 있었다. 교회로서는 루페르칼리아 축일의 방종을 가만히 두고 볼 수만은 없었다. 그래서 교황 겔라시우스 1세는 494년 루페르칼리아 축일을 기독교의 축일로 대체하게 된다. 이날은 성모 마리아가 예수를 낳은 지 40일이 되어 유대인의 전통에 의해 그를 안고 예루살렘의 신전에 갔던 날이다. 마리아는 출산 후 모든 유대 어머니들이 하듯 물로 정화하는 의식을 치렀다.

이것이 바로 성촉절의 종교적인 의미이다. 이런 이름이 붙은 이유는 교회에서 예배를 드릴 때 예수 그리스도가 '세상의 빛'이라는 의미로 촛불을 켜기 때문이다. 예배가 끝난 후 집까지 이 촛불을 들고오면 질병과 악귀, 기근을 몰아낸다고 믿었다. 촛불을 밝히는 이러한 전통은 고대 로마의 횃불에서 비롯했을 수도 있고, 이와 다른 2월의 로마 축일 파렌탈리아 Parentalia와도 유사하다. 파렌탈리아는 세상을 떠난 부모님을 기리는 특별한 날로서 그들을 지키기 위해 촛불을 켰다. 이는 켈트 족의 믿음과도 관련이 있으며, 화톳불이나 조상을 기리는 설날과도 일맥상통한다.

겔라시우스 1세는 이날 로마에 오는 순례자들에게 특별한 팬케이크를 나눠줬는데,

이것이 바로 크레프의 진정한 시작이라는 설도 있다.

당시 팬케이크와 도넛을 만든 데는 현실적인 이유도 있었다. '재의 수요일'부터 40일간 금식을 해야 하기 때문에 그 전날인 '기름의 화요일'은 기름진 음식을 먹을 수 있는 마지막 날이었다. 그러니 부엌에 남아 있는 달걀, 기름, 버터 등을 모두 사용해야 했고 따라서 프리터나 팬케이크 같은 음식을 잔뜩 만들게 된 것이다. 그래서 '기름의 화요일'을 영어로는 '팬케이크 화요일'이라고도 한다.

하지만 프랑스에서 마르디 그라나 성촉절에 크레프만 만드는 것은 아니며 이날 만드는 음식들은 지방에 따라 다르다. 그렇다면 어째서 유독 크레프만 프랑스 전역에 퍼졌을까? 현대의 크레프가 탄생하기까지는 다시 긴 사연이 있다.

프랑스 북서부 끄트머리에 위치한 브르타뉴 지방으로 거슬러가보자. 켈트 족이 거주했던 이 지방에서는 프랑스어로 갈레galet라고 부르는, 조약돌 모양의 뜨거운 돌 위에다 곡물가루로 반죽을 만들어 둥글게 팬케이크를 만들어 먹곤 했다. 그래서 이 지방에서는 팬케이크를 갈레트 galette라고 부르기도 한다. 갈레트는 메밀가루와 물로만 만드는데, 잘게 찢어 수프나 우유에 부어 차갑게 먹는다.

그러다가 15세기, 정확히는 1490년 브르타뉴의 안느 공작부인이 영지를 돌아보다가 수행원들과 함께 폭풍에 갇히는 일이 생긴다. 그녀는 피에르 르 파우트라는 농부의 집에 피신하게 되었는데 농부의 딸은 부인이 먹을 만한 음식을 만들고 싶었지만 가진 것이 별로 없었다. 그래서 메밀가루에 버터, 달걀, 우유 같은 각종 재료를 섞었고, 이것이 현대 크레프의 시초가 되었다는 이야기도 있다. 농부의 딸(아니면 음식솜씨였을까?)에게 반한 공작부인의 시종은 나중에 결혼승낙을 얻어냈고, 가난한 농부의 딸은 팬케이크 덕분에 나중에는 백작부인이 되었다고 한다. 그녀의 아들 이브가 음식을 좋아했던 프랑수아 1세의 궁정에 크레프를 소개했고 이렇게 해서 당시 갈레트라고 불린 크레프가 프랑스 전역에 퍼져나간 것이다.

그때의 크레프는 지금처럼 디저트가 아니었다. 부자들은 메밀이나 보리 대신 밀을 사용해 좀더 세련된 흰 크레프를 만들었고, 각종 향과 달콤한 속을 채워넣었다. 이런 달콤한 크레프가 점점 더 널리 알려져 성촉절처럼 특별한 날에 먹는 팬케이크가 되었고, 그뒤 19세기 말 브르타뉴의 캥페르에 살던 카텔 부인이 요리법을 개선해서 오늘날 흔히 먹는 '크레프 당텔'(crêpe dentelle: 레이스처럼 아주 얇게 부친 크레프)을 만들어냈다. 하지만 프랑스 디저트의 대명사로 알려진 유명한 '크레프 쉬제트'(crêpe suzette: 크레프를 4겹으로 접어 오렌지 즙으로 맛을 낸 시럽을 부어먹는 것)가 개발된 것은 아주 최근이다. 몬테카를로의 카페 드 파리의 주방장이 나중에 영국 왕 에드워드 7세 (1841~1910)가 된 프린스 오브 웨일스를 위해 처음 만든 것이다. 이렇게 크레프는 일반인뿐만 아니라 왕도 먹는 음식이었다.

사실 형태가 조금씩 다를 뿐 세계 각지엔 비슷한 음식이 있다. 인도의 난, 미국의 팬케이크, 멕시코의 타코스, 한국의 파전과 빈대떡 등등.

성촉절에 크레프를 만들 때는 왼손에 동전, 가능하면 금화 하나를 쥐고 한다는 것을 기억하자. 반짝거리는 둥근 금속제는 태양과 크레프의 상징이다. 프랑스에서는 첫 번째로 만든 크레프에 보통 그 동전을 싸서 다음 해까지 부엌 찬장 꼭대기에 올려놓는다. 일종의 제물과 같은 의미. 이렇게 하면 집안에 복을 가져다 준다고 믿었다. 이 역시 태양과 건강, 수확, 번영과 얽힌 옛날 사람들의 믿음이다. 이 간단한 디저트 속에 이렇게 풍성하고 범세계적인 상징이 들어 있으리라고 누가 상상이나 했을까?

크레프 *Crêpes*

유명한 프랑스식 팬케이크로, 다양하게 조리할 수 있고 어떤 자리에나 잘 어울리니 꼭 배워둘 것을 권한다. 디저트나 간식으로 적당하지만, 파티 음식으로도 훌륭하다.

달걀, 레몬 껍질 등 반죽재료를 준비한다.

밀가루와 우유로 반죽한다.

과일은 20분 동안 조린다.

초콜릿, 크림, 버터로 소스를 완성한다.

크레프를 부친다.

이렇게 만드세요

1. 크레프 반죽을 만들어보자. 큰 그릇에 달걀을 깨뜨려 넣고 설탕, 레몬과 오렌지 껍질을 갈아서 섞는다.
2. 밀가루는 체에 쳐서 1번 위에 뿌린다. 밀가루가 잘 섞이면 거품기로 계속 저으며 우유를 붓는다.
3. 2번의 반죽을 체에 다시 거른 후, 냉장고에 1~2시간 보관한다.
4. 60~65도 사이의 온도에서 버터를 천천히 녹인다. 버터에서 헤이즐넛향이 나면서 갈색을 띠면 3번의 크레프 반죽에 섞는다. 반죽이 완성되면 냉장고에 보관한다.
5. 이제 과일조림을 만들어보자. 배는 껍질을 벗겨 가로세로 1센티미터 크기로 깍둑 썰기한다.
6. 프라이팬에 버터를 녹인 후 배, 설탕, 레몬즙을 넣는다. 뚜껑을 덮지말고 20~25분간 조린다. 완성되면 냉장고에 보관한다.
7. 초콜릿 소스를 만들어보자. 작은 용기에 갈아놓은 초콜릿, 크림, 버터를 넣고 큰 냄비 안에서 중탕한다. 초콜릿은 금방 타버리므로 물이 끓지 않도록 주의한다.
8. 프라이팬에 식용유를 두르고 중간불에 달군다. 크레프 반죽을 꺼내 작은 국자로

재료(4인분)

크레프
밀가루 1.8컵　달걀 9개
우유 1리터
설탕 13.5수프스푼
오렌지 1개　레몬 1개
버터 9수프스푼　옥수수유

과일조림
배 2개　레몬 1개
설탕 10수프스푼
버터 3수프스푼

초콜릿 소스
초콜릿(코코아 함유량 50퍼센트) 100그램
버터 2수프스푼
휘핑크림 1/2컵

도구

도자기 그릇　작은 칼
체　나무주걱
거품기　프라이팬
보울　큰 팬
플라스틱 혹은 철제 용기
국자　큰 냄비

휘젓는다. 반죽 한 국자를 프라이팬에 붓고 고루 퍼지도록 팬을 돌리면서 기울인다. 2~3분 후에 뒤집으면 먹음직스럽게 노릇노릇해져 있을 것이다. 반대편은 1~2분간 가열한다.

9 크레프 한가운데에 과일조림을 숟가락으로 하나 절반 정도 얹고 크레프를 반으로 접는다.

10 한 접시에 크레프를 2개씩 올리고 초콜릿 소스를 끼얹는다. 저민 로스트 아몬드와 같이 내놓아도 좋다.

비용 🍎🍎 | 시간 🍎🍎 | 난이도 🍎🍎   TIP ⋯ 205쪽

프렌치 토스트

1. 문화와 식도락··· 빵은 한국의 김치처럼 프랑스 음식에서 아주 중요한 요소다. 지금은 사이드 디시지만 예전에는 가난한 사람들의 주식이었다. 그러므로 빵은 '성스러운' 음식으로 일컬어졌으며, 빵을 자르기 전에는 성호를 긋기도 했다(성경에 따라). 그렇기 때문에 빵을 함부로 버리지 않기 위해 옛날 주부들은 빵껍질이나 먹을 수 없는 부분도 버리지 않고 디저트로 활용했다. 여기에서 '팽 페르뒤', 즉 '사용할 수 없는 빵'이라는 이름이 유래했다.
2. 접대··· 과일, 잼, 생크림, 초콜릿 소스 등을 곁들여 따뜻하게 먹는다.

초콜릿 무스

1. 시장··· 디저트를 만들 때는 블랙 다크 초콜릿을 사야 한다. 이태원 근처의 한남슈퍼마켓 같은 곳에서 두꺼운 바 모양의 초콜릿을 판다. 카카오가 50퍼센트 이상 함유되어 있다.
2. 셰프의 팁··· 휘핑크림, 혹은 '크렘 푸에테' crème fouettée를 만들려면, 일단 크림을 미리 냉장고에 넣어서 차갑게 해야 한다. 그런 다음 처음에는 천천히 휘젓다가 굳어질 때까지 좀더 빨리 휘젓는다. 항상 같은 방향으로, 일정한 속도로 저을 것. 전기 휘핑기를 사용하면 훨씬 수월하다. 다 젓기 전에 다른 재료는 첨가하지 않는다.
3. 접대··· 무스는 개인컵에 담아내도 되지만 나눠먹기 편하기 때문에 뷔페에도 즐겨 사용된다. 빵집에서 장식 없는 '스폰지 케이크'를 산 다음 수평방향으로 세 조각으로 자른 뒤 층마다 무스를 펴바르고 겉에 휘핑크림을 바르면 '특급' 초콜릿 케이크가 된다.

우유 쌀 푸딩

1. 문화와 식도락··· 흔히 생각하는 것과 달리, 유럽 사람들도 쌀을 많이 먹는다. 프랑스 남부의 카마르그 지방에서는 쌀을 재배하기도 한다. 쌀은 페르시아에서 중동으로 전파된 것을 11세기 십자군이 프랑스로 가져오면서 처음 전해졌다. 프랑스인들은 길쭉하고 향이 있는 인도나 태국쌀, 미국쌀을 선호한다. 한국쌀보다 찰기가 적어서 쌀알이 달라붙지 않기 때문에 소스를 뿌려 먹기 좋다. 한국쌀은 매끄럽기 때문에 이탈리아식 리조토나 우유 쌀 푸딩을 만드는 데 적합하다.
2. 대체 레시피··· 이 요리에는 취향에 따라 각종 향을 첨가할 수 있다. 로즈워터와 설탕에 조린 과일 대신 아몬드 가루, 땅콩 가루, 바닐라향, 건포도, 곶감 조각, 대추 등을 넣어도 맛있다.
3. 접대··· 따뜻하게도 차갑게도 먹을 수 있으며, 아이들의 기념일이나 뷔페에는 안성맞춤 요리다. 떡 대신 놓는 것도 재미있는 아이디어. 오렌지 제스트, 생화, 과일, 체리 설탕절임 등으로 장식해도 좋다.

크레프

1. 짭짤한 크레프··· 짠맛이 나는 크레프도 만들 수 있다. 반죽에 설탕 대신 소금을 약간 넣고 크레프 안에는 치즈, 햄, 볶은 버섯 등 원하는 재료를 싸서 먹는다.
2. 달콤한 크레프··· 달콤한 크레프에 싸서 먹을 수 있는 재료는 정해진 것이 없다. 잼, 따뜻한 초콜릿이나 땅콩 버터, 익힌 과일이나 바나나 같은 생과일, 신선한 휘핑크림 등 부엌에 남은 재료를 활용하자.
3. 크레프 파티··· 크레프는 파티 마지막 순서에 내놓으면 좋다. 테이블에 각종 속 재료를 따로 차려놓고 손님들이 원하는 것을 넣어 먹도록 한다.
4. 보관··· 파티가 있거나 아침에 먹으려면 미리 만들어두는 것이 편하다. 접시에 쌓아올려서 비닐랩으로 씌운 후 식은 뒤 냉장고에 넣는다. 나중에 프라이팬에 버터를 바르고 굽거나 전자레인지에 데워 먹으면 편리하다.

프랑스 음식은 대단히 창조적이다. 가장 훌륭한 양념인 상상력에

즐겁게 요리하는 마음을 살짝 곁들이면 금상첨화다.

이 두 가지 외에도 요리를 시작하기 전에 잠시 살펴볼 것들을 준비했다.

모든 준비가 끝났다면 멋진 음악을 틀고, 즐겁게 요리하자.

알아두면 요리가 쉬워져요

3

Avant de commencer

요리는 준비가 필요하다. 기본도구와 재료를 미리 갖추어놓으면 이미 절반은 완성한 셈이다. 알아두면 한결 가벼운 마음으로 요리를 시작할 수 있는 정보들을 한자리에 모았다.

기본 도구와 재료

여기서 소개하는 것들은 서양 음식을 자주 만들 생각이라면 꼭 갖추어야 할 기본 도구와 재료들이다. 마른 양념과 허브류는 오래 보관할 수 있고 많이 사용하지 않으니 가격만 보고 놀라지 마실 것.

강판
웬만하면 플라스틱이나 철제 강판이 있겠지만, 혹시라도 없다면 망설이지 말고 준비하자. 어느 요리에나 유용하니까.

거품기
소스와 디저트를 만들 때 필수적인 도구다. 주로 크림을 저을 때 쓰며, 별로 비싸지 않고 어디서나 쉽게 살 수 있다.

레몬짜개
오렌지나 레몬 주스를 자주 만들지 않는다면 필수는 아니지만, 한꺼번에 여러 개의 즙을 낼 때 유용하다.

오븐
적어도 미니 그릴이나 대형 토스터는 있어야 한다. 가능하면 오븐 겸용 전자레인지가 좋다. 편리하지만 가격이 비싼 것이 단점. 가스레인지에 붙어나오는 가스오븐도 쓸만하다. 단, 케이크를 만들려면 오븐은 필수품이다.

키친 로봇
블렌더(주스용)와 커터(고기, 수프, 허브, 양파 등을 갈 때 사용)의 기능을 혼합한 제품. 크림이나 달걀 흰자위를 저을 때 사용하는 전기 거품기 기능이 추가된 것도 있다. 여러 요리에 유용하며 조립식이라 보관도 편리한 제품을 구할 수 있다. 보통 5만 원 선이다.

검은 올리브
안주나 샐러드로 내놓아도 좋고 스파게티 소스 재료로 사용해도 된다. 원래 들어 있는 액체에 담근 상태로 플라스틱 용기에 넣고 밀봉해서 냉장고에 보관하면 오래 간다.

버터
버터는 기본이다. 덩어리로 사서 냉장실에 보관해두고 필요한 만큼 잘라 쓴다.

술
요리에 필요한 기본적인 술을 마련해두자. 적당한 가격의 와인, 코냑, 칼바도스, 트리플 섹(그랑 마르니에 같은 오렌지 베이스의 술) 등은 어느 요리에나 유용하다.

유제품
프랑스 요리나 디저트를 자주 만들려면 필요에 따라서 휘핑크림과 에멘탈 치즈를 정기적으로 구입해야 한다. 에멘탈 치즈는 저온살균

처리가 되어 있으므로 냉장고에서 몇 주간 보관할 수 있다. 아이들이 좋아하기 때문에 그렇게 오래 남아 있지도 않을 것이다.

초콜릿
요리용 다크 초콜릿도 준비해두면 유용하게 쓰인다. 대형포장으로 사서 어둡고 시원하고 습기가 없는 곳에 보관한다.

가공식품
프랑스 또는 이탈리아 음식을 할 생각이라면 최소한 토마토 페이스트는 있어야 한다. 쇠고기 육수나 닭고기 육수(큐브나 가루분)는 한국 음식을 만들 때도 유용하다.
디종 머스터드와 프렌치 오이피클을 사두면 쓸모가 많다. 냉장고에서 오래 보관할 수 있으며 찬 음식과 따뜻한 음식, 프랑스 음식 외의 다른 나라 음식에도 두루 어울린다.

프렌치 드레싱
샐러드에 곁들이는 가장 기본적인 드레싱으로, 미리 만들어두면 편리하다. 만드는 방법도 간단하다. 옥수수유 220밀리리터, 샬롯 혹은 양파 1/4개, 다진 마늘 1티스푼, 레드와인 식초 4수프스푼, 디종 머스터드 스트롱 2수프스푼, 소금과 후추를 준비한다. 옥수수유를 뺀 모든 재료를 블렌더에서 3분간 돌리고, 여기에 옥수수유를 넣고 잘 섞어주면 완성이다. 모든 샐러드에 어울린다.

향신료
너트멕, 계피, 바닐라 에센스는 있으면 좋지만 없으면 안 되는 건 아니다. 하지만 검정 통후추와 굵은 소금은 기본이다.

허브
말린 타라곤, 월계수잎, 타임, 로즈마리 등은 항상 준비해놓아야 한다. 타임과 타라곤, 로즈마리 등은 화분으로도 팔고 있으니 실내에서 키우다가 필요한 만큼 뜯어서 쓰면 된다. 향도 좋고 한결 싸다.

부피와 무게 차트

다음의 차트에는 여러 가지 스푼과 컵 등의 무게와 부피가 나와 있다.
모든 용기의 규격이 완벽하게 같은 것은 아니지만 용량은 거의 비슷하니, 사진과 잘 비교해가며 사용하자.
본문에 설명된 재료의 양은 사진속 용기의 규격에 맞춘 것이다.

용기	부피	무게
① l 티스푼(볼록하게)	5밀리리터	4그램
② l 디저트스푼(볼록하게)	10밀리리터	6그램
③ l 수프스푼(볼록하게)	15밀리리터	5그램(치즈가루) 8그램(카카오, 커피, 빵가루) 12그램(설탕, 밀가루, 쌀, 생크림)
④ l 수프스푼(평평하게)	15밀리리터	12그램(버터)
⑤ l 에스프레소 커피잔(평평하게)	80밀리리터	35그램(밀가루)
⑥ l 큰 커피잔(평평하게)	200밀리리터	100그램(밀가루)
⑦ l 보울(평평하게)	350밀리리터	220그램(밀가루) 385그램(설탕) 400그램(쌀)
⑧ l 컵(평평하게)	300밀리리터	120그램(밀가루) 225그램(쌀, 생크림) 230그램(설탕)

재료는 어디에서 살 수 있을까?

이제 한국에서 외국 식재료를 사는 것은 그리 어려운 일이 아니다.
프랑스 요리를 할 때 둘러보면 좋은 곳을 정리해봤다.

까르푸
한국 각지에 매장을 두고 있는 프랑스계 아울렛으로 국산품과 수입품을 다양으로 구비하고 있다. 특히 각종 소시지, 햄 등과 질 좋은 육류, 신선한 생선이 좋다. 주류 코너도 훌륭하다. 여러 종류의 와인과 칼바도스, 시드르 등도 구할 수 있다. 유제품 코너에는 각종 치즈, 수입 버터, 크림 등이 있다. 수입식품 코너에는 대부분의 향신료 종류와(로즈마리, 타임, 월계수 등) 타바스코, 케이퍼, 안초비, 각종 식초, 올리브유, 프렌치 머스터드, 오이 피클 등이 있다. 요리도구도 대부분 여기서 구할 수 있다.

남대문 시장과 동대문 시장
남대문과 동대문 시장에는 수입식품 판매점이 많다. 프렌치 오이피클, 프렌치 머스터드, 유럽산 식초, 케이퍼, 올리브, 올리브유, 말린 향신료 등을 구할 수 있다.

반상마켓
반상마켓은 과자와 빵 전문요리사들이 자주 찾는 전문시장이다. 저울, 과자틀 등 요리도구와 요리용 초콜릿을 사려면 이곳으로 가는 것이 좋다.

이태원의 파키스탄 식료품점과 정육점
이태원에는 파키스탄 가게가 있어서 중동의 독특한 음식을 맛볼 수 있다. 해밀턴 호텔 뒤쪽의 레스토랑 르 생텍스 근처에 있는 재스퍼 월드 푸드 센터(02-797-0760), 이슬람 사원 근처에 있는 'Halal Tajimahal' 정육점(02-798-8611) 등에 가면 이국적인 식재료를 쉽게 구할 수 있다. 특히 샤프란이나 월계수잎처럼 말린 향신료, 로즈 워터, 양고기 등이 좋다.

킴스클럽
다양한 식재료를 선보이고 있으며 수입식품 코너에는 식초, 말린 향신료, 안초비, 케이퍼, 피클, 프렌치 머스터드 등이 있다. 와인과 소시지 코너, 유제품 코너의 크림과 치즈 등이 다양하다.

파리바게트와 파리크라상
빵을 사려면 파리바게트나 파리크라상이 좋다. 이곳에서는 전통 프랑스 바게트부터 상상력을 가미한 호두나 양파빵 등 다양한 프랑스식 빵을 고를 수 있다. 토스트빵도 여러 종류가 있다. 프랑스 학교 근처(소래언덕)에 위치한 방배동의 파리크라상이 추천할만하다. 가장 다양한 프랑스식 빵을 맛볼 수 있다.

프레시마켓과 청화아파트 슈퍼마켓
안초비, 케이퍼, 올리브유, 말린 향신료, 달팽이 등 수입식품을 판매한다. 파슬리도 있으며 유제품 코너도 있다.

하얏트 호텔 델리카트슨
수입식품을 다양하게 구비해놓은 곳. 햄과 소시지 코너가 훌륭하며 치즈도 살 수 있다. 프렌치 머스터드나 여러 가지 식초, 말린 향신료 등의 기본적인 유럽 식재료 대부분을 판매한다. 와인 코너에 다양한 와인을 구비하고 있으며 베이커리의 빵도 맛있다. 힐튼 호텔에도 수제 햄과 소시지를 판매하는 훌륭한 델리카트슨이 있다.

한남슈퍼마켓과 해든하우스
한남동에 거주하는 재한 외국인을 대상으로 하는 슈퍼마켓으로 케이퍼, 안초비, 다양한 식초 등을 판매한다. 프렌치 머스터드, 토마토 페이스트, 요리용 초콜릿 등 기타 한국에서 찾기 힘든 재료를 많이 구비해놓고 있다. 치즈와 크림 등의 유제품 코너도 충실하다. 식료품 코너에는 다양한 향신료도 판매하는데, 특히 한남슈퍼마켓은 생허브를 살 수 있는 몇 안 되는 곳 중 하나다. 한남슈퍼 입구의 작은 정육점 '헨젤과 그레텔'에서는 맛있는 소시지와 햄을 구할 수 있다.

F&B
외국식품과 음료 수입상으로 일반인에게도 판매한다. 식초, 프렌치 머스터드 등의 수입식품이 있으며 한국에서 가장 다양한 치즈를 판매하는 곳이다.

온라인 쇼핑
http://orio.snort.co.kr/mart/index.php에 가면 각종 허브와 검은 통후추, 디종 머스터드, 치킨 스톡(닭고기 육수분), 통조림과 치즈, 유제품 등의 외국 식재료를 쉽게 구할 수 있다.

낯선 단어 찾아보기

프랑스 요리를 하다 보면 낯선 단어들과 자주 마주치게 된다.
간단한 설명을 덧붙였으니 읽어두면 도움이 될 것이다.

그라탕 Au gratin
음식 위에 치즈가루나 빵가루를 뿌려서 오븐에 구워 금빛 껍질이 덮인 것처럼 만드는 요리법. 야채요리, 생선요리, 고기요리, 파스타 등을 만드는 데 사용한다.

그랑 크뤼 Grand Cru
1855년 파리에서 열린 만국박람회에서 보르도 상공회의소 사람들이 모여 최고급 와인을 분류하는 등급을 마련했는데, 그것이 바로 그랑 크뤼다. 메독 지역을 중심으로 총 61종의 와인이 5등급의 그랑 크뤼로 분류되고, 소테른에서 생산되는 화이트 와인 26종도 그랑 크뤼로 분류된다.
그랑 크뤼 선정은 와인 거래 가격을 기준으로 했다. 품질이 좋을수록 비쌌기 때문이다. 하지만 당시 보르도에서 주로 거래하던 와인이 메독 지역의 와인이어서 오늘날 최고로 꼽히는 생테밀리옹과 포므롤 와인은 그랑 크뤼 분류에서 완전히 제외되고 말았다. 현재도 1855년에 지정된 그랑 크뤼 분류는 거의 그대로 지켜지고 있다. 1973년 2등급이었던 샤토 무통 로쉴드가 특등급으로 격상된 것이 유일한 변화로, 이는 보르도 그랑 크뤼 역사상 일대 사건으로 기록되고 있다.

그뤼에르 치즈 Gruyere cheese
스위스 서부 그뤼에르 지방에서 생산되는 경질치즈로, 살균하지 않은 젖소의 우유로 만들어 5~12개월 동안 숙성시킨다. 지름 55~65센티미터, 무게 24~40킬로그램의 원반형으로 소금을 많이 넣으며 에멘탈 치즈보다 온도는 낮고, 습도는 높은 곳에서 숙성시킨다. 겉은 딱딱하고 갈색을 띠지만, 내부 조직은 매우 촘촘하고 부드럽다.
녹으면 점성이 높아져 끈적이기 때문에 그라탕, 수프 등을 만들때 유용하며, 에멘탈 치즈와 함께 퐁듀에 사용하는 대표적인 치즈다. 샌드위치나 안주용으로도 좋다. 본문의 레시피에 사용하는 치즈 가루도 에멘탈 치즈나 그뤼에르 치즈 가루가 가장 좋다.

너트멕 Nutmeg
너트멕 나무의 열매. 달걀형이며 색은 갈색, 껍질은 매우 단단하고 지방 함유량은 30퍼센트이다. 갈아서 쓰기 때문에 작은 너트멕 전용 강판을 같이 판매하는 경우가 많다. 감자, 달걀, 치즈가 들어가는 음식의 양념에 쓰인다. 페이스트리를 만들 때도 꿀이나 레몬 케이크, 익힌 과일, 과일 파이 등에 향을 내기 위해 쓰이기도 하며 칵테일에 첨가하기도 한다.

디제스티프 Digestif
식사가 모두 끝난 후 소화를 돕기 위해 마시는 술. 디제레(digérer: 소화하다)라는 동사에서 비롯되었으며, 주로 코냑, 브랜디 등의 도수 높고 향이 좋은 술을 마신다.

디종 머스터드 Dijon mustard
유명한 프랑스산 겨자 소스. 프랑스에서는 검정겨자나 갈색겨자 씨앗을 특별한 제조법에 따라 만든 제품에만 '머스터드'라는 명칭을 붙인다. 디종 머스터드는 이러한 머스터드 가운데 하나로 부드러운 노란색을 띠며 톡 쏘는 맛이 중간부터 아주 강한 것까지 있다.
머스터드는 조미료로도 사용되지만, 고기나 생선, 찬 소스나 따뜻한 소스, 드레싱 등을 만들 때 두루 사용한다.

로즈마리 Rosemary
지중해성의 향기로운 식물로서 잎이 사철 내내 지지 않는다. 위는 녹색, 아래는 흰색으로 잎에는 톡 쏘는 맛과 강렬한 향이 있다
마리네드, 즉 절임요리에 향을 낼 때나 송아지, 돼지고기, 양고기, 생선요리를 할 때 아주 조금만 넣는다. 샐러드와 토마토 소스를 만들 때도 사용한다. 보통 생으로 쓰기도 하고 말려서 쓰기도 한다.

로즈워터 Rosewater
장미꽃잎의 향과 색을 추출한 것. 많은 요리에 사용된다. 로즈워터나 장미유는 커스터드 크림, 아이스크림, 페이스트리, 술, 꽃술 등에 향을 내기 위해 사용한다. 이태원의 중동 식품점에 가면 살 수 있다.

로크포르 치즈 Roquefort cheese
프랑스 남부의 로크포르 마을에서 나오는 양젖 치즈. 특수한 푸른곰팡이로 숙성시켜 푸른 줄무늬가 있다. 2000년의 역사가 있으며 '로크포르'라는 상표로 널리 알려져 있다. 일반적으로 같은 종류의 프랑스산 제품은 '블뢰 프로마주' bleu fromage라고 하고, 다른 나라의 제품은 '블루 치즈'라고 부른다.

루유 Rouille
마요네즈에 다진 마늘, 토마토 페이스트, 사프란을 넣고 섞은 것. 전통적으로 부야베스를 먹을 때 함께 곁들인다.

리틀 블랙 Little black
아주 진한 에스프레소 커피.

마리네이트 To marinate
재료를 향이 좋은 액체에 담가 부드럽게 하고 향이 배게 하는 절임요리법. 담그는 시간은 재료의 종류와 크기, 외부환경 등에 좌우된다. 익혀 만든 마리네이드(마늘, 각종 허브, 당근, 샬롯, 오일, 양파, 후추, 파슬리, 소금, 식초, 레드 와인이나 화이트 와인으로 만든다)는 고기 요리에 사용된다. 일단 마리네이드를 만든 다음 식혀서 고기 위에 끼얹어 먹는다.
생으로 만든 마리네이드는 요리 재료에 따라 여러 종류가 있다. 생선 요리에는 레몬, 오일, 월계수잎, 파슬리, 후추, 소금을 사용하고 파테에는 코냑이나 마데이라 와인, 포트 와인, 샬롯, 소금, 후추를 사용한다. 보통 재료를 소스에 담그고 여러 번 뒤집어야 맛이 잘 밴다.

너트멕

로즈마리

로즈워터

바욘햄 Bayonne ham
프랑스 아키텐 지방의 도시 바욘에서 나는 햄. 바욘은 3세기에 로마의 도시로 건설되었으며, 구프랑스령 나바르의 수도였다. 와인, 브랜디, 햄 등이 유명하다.

바질 Basil
열대 아시아 원산인 허브의 일종. 잎이나 줄기를 요리하는 데 사용한다. 말려서 쓰기도 하는데, 향이 매우 좋아 각종 음료나 비누 등의 향을 내는 데 이용하기도 한다.

부야베스 Bouillabaisse
생선을 기본으로 푹 끓인 해물 잡탕 스튜. 프랑스 남부 해안도시 마르세유의 전통음식으로 전문 레스토랑에서는 '부야베스 차트'를 따라 만든다. 서너 종류의 생선을 한데 끓이며, 손님에게 낼 때는 각각의 접시에 생선이 종류별로 한 조각씩 들어가는 것을 원칙으로 한다.

부숑 Bouchon
여러 가지 의미가 있다. 첫 번째는 병마개, 특히 와인의 코르크 마개를 뜻한다. 두 번째는 짚단이나 동물에게 먹이기 위해 베어놓은 꼴 등을 의미한다. 세 번째는 선술집을 뜻하는데, 특히 리옹 인근의 길거리 작은 식당을 가리킨다. 비스트로와 마찬가지로 소박하고 몸에 좋고 맛도 좋은 시골음식을 주로 내놓으며, 리옹의 명물인 소시지와 돼지고기를 이용한 음식이 많다.

브레이즈 Braise
고기나 야채를 볶은 후 소량의 물을 붓고 약한 불에서 푹 끓이는 요리법을 말한다.

브리오슈 Brioche
프랑스의 유명한 페이스트리 가운데 하나. 디저트로, 혹은 차를 곁들여 먹지만, 요리에도 사용한다. 푸아그라, 간 파테, 익히거나 양념을 해서 말린 소시지 등과 곁들이면 훌륭하다.

비스트로 Bistro
프랑스에서 흔히 볼 수 있는 정다운 분위기의 작은 식당을 일컫는 말로 'bistro'나 'bistrot'라고 쓴다. 너무나 프랑스적인 공간이라 한마디로 정의할 수 없지만, 소박한 가정식을 내놓아 격식 없는 식사를 할 수 있는 곳이다. 동네의 사랑방 같은 역할을 하며, 손님이 웨이터나 주인을 이름으로 부르거나, 전용 테이블과 냅킨이 있으며 먹던 와인까지 보관해놓는 단골 등은 흔히 볼 수 있는 풍경이다.

빈티지 Vintage
모든 와인의 라벨에는 언제 생산된 것인지를 알려주는 특정연도, 즉 빈티지가 써 있다. 이는 와인을 만들 때 사용한 포도의 수확 연도를 의미한다. 해마다 변화하는 기후와 계절의 영향으로 포도의 품질은 늘 다르게 마련이라 빈티지는 와인의 품질을 나타내는 중요한 지표가 된다. 빈티지가 표시되어 있지 않은 와인은 여러 연도의 포도를 혼합해서 만든 것이다. 보르도 와인 같은 경우는 빈티지마다 특성이 매우 뚜렷해서 와인 애호가들은 빈티지 차트를 보고 공부를 해가며 마시기도 한다. 포도 품질이 좋은 해에 나온 와인일수록 오래 숙성시켜 마시는 것이 좋지만, 숙성에 따라 와인을 마시는 시기도 잘 판단해야 한다.

사워크림 Sour cream
생크림을 발효시켜 신맛이 나는 크림. 보통 생크림보다 걸쭉하며 샐러드, 빵, 과자를 만들 때 사용한다. 레몬즙이나 다진 오이피클, 토마토, 양파 등을 섞어 한층 새콤하게 만들어 감자나 스낵 등에 곁들여 먹기도 한다.

사프란 Saffron
구근류의 식물로 암술대에서 유명한 향을 풍긴다. 갈색빛이 도는 실 모양인 것도 있고, 오렌지색에서 노란색을 띠는 가루일 수도 있다. 사프란 500그램을 만드는 데 꽃 6만 송이가 필요하다고 한다. 그래서 가격이 비싸다. 프랑스 남부 음식에 향과 색을 내는 데 많이 쓰이며 흰 살코기 요리에도 쓰인다. 보통 1~2그램짜리 상자로 포장해서 판매한다.

샬롯 Shallot
향기로운 구근식물. 양파와 같은 과에 속하지만 향은 좀더 섬세하다. 곱게 다져 샐러드에 넣거나 생선, 튀기거나 끓인 육류에 넣을 수도 있다. 특히 소스의 맛을 내거나 식초의 향을 내는 데 사용하면 좋다. 한국에서는 구하기가 쉽지 않으므로 강한 맛이 나긴 하지만 양파로 대신 해도 좋다.

소믈리에 Sommelier
와인을 관리하고 추천하는 직업이나 그 일을 하는 사람을 말한다. 영어로는 와인캡틴wine captain 또는 와인웨이터wine waiter라고 한다. 중세 시대에 식품보관을 책임지고, 영주가 식사하기 전에 음식의 안전성을 점검하고 알려주는 직책을 일컫는 단어 'Somme'에서 유래한 명칭이다. 지금과 같은 의미는 19세기경 파리의 한 음식점에서 와인을 전문으로 담당하는 사람이 등장하면서 생겼다. 소믈리에의 주요 역할은 손님의 입맛에 맞는 와인을 골라주거나, 식사와 어울리는 와인을 추천하는 일이다. 수많은 와인의 종류와 제각기 다른 맛을 알아야 할 수 있는 일로, 소믈리에가 되기 위해서는 포도의 품종, 숙성방법, 원산지, 빈티지 등 와인에 대해 두루 알고 있어야 한다. 보통 와인의 주문, 구매와 저장, 재고관리, 판매까지 도맡아 하는 경우가 많다. 현재 프랑스 소믈리에 협회는 매년 열리는 '프랑스 최고 청년 소믈리에 대회'와 2년에 1번씩 열리는 '프랑스 최고 소믈리에 대회'를 통해 유능한 소믈리에를 키우고 있다.

스타아니스 Star anis
극동지방에서 자라는 관목의 열매. 별 모양이며 안에 아니시드가 들어 있다. 우려내서 허브티로 마실 수도 있고, 아니세트, 파스티스 등의 술의 원료가 되기도 한다. 각종 유럽식 페이스트리와 크래커를 만드는 데 쓰이기도 하고 육류 양념에 향을 좋게 하기 위해 쓰는 경우도 있다.

시드르 Cidre
노르망디 지방에서 많이 생산되는 사과를 이용해 만든 사과술. 달콤하고 청량감이 독특하며 도수는 낮다. 사과를 압착해서 즙을 낸 후 그것을 발효시켜서 만드는데, 포도와는 달리 사과즙에는 당분이 적어서 생성되는 알코올이 적다. 그래서 과즙에 설탕을 섞어서 발효시키거나 제품에 이산화탄소를 주입하여 발포 사과술을 만들기도 한다. 유럽에서는 대체로 파리 북쪽을 동서로 선을 그어 그 남쪽에

사프란

샬롯

서는 와인, 북쪽에서는 사과술을 대량 생산한다. 알코올 농도는 1~2도에서 10도 이상의 것 등 여러 종류가 있다. 이 시드르를 증류해서 칼바도스를 만든다.

시라 Syrah
프랑스 남부의 랑그도크 지방에서 주로 생산되는 포도 품종.

식초 Vinegar
여러 종류가 있지만 유럽에서는 주로 와인 혹은 기타 알콜음료를 산화시켜 만든다. 유럽에서는 고대부터 사용했으며 종류도 다양하다. 레드 와인 식초, 화이트 와인 식초, 셰리, 혹은 세레스 식초, 맥아 식초, 사이더 식초(사과로 만든다), 메이플 식초, 쌀 식초, 심지어 우유 식초(스위스)도 있다. 라스베리 식초, 타라곤 식초, 발사믹 식초 등의 향이 가미된 것도 있다. 식초는 머스터드 소스 등의 차가운 소스와 프렌치 드레싱을 만들 때 꼭 필요하다. 뜨거운 소스나 마리네이드, 피클 등을 만들 때도 많이 쓰인다.

아이올리 Aioli
향이 매우 강한 마늘 마요네즈. 야채와 생선에 곁들여 먹으며, 특히 간단한 샐러드와 매우 잘 어울린다.

아티초크 Artichoke
지중해 연안에서 자라는 국화과 식물로 엉겅퀴와 비슷한 모습이다. 여름에 자주색 꽃이 피고, 한국의 남부 지방 해안이나 제주도 등지에서도 쉽게 재배할 수 있다. 꽃이 피기 전에 잘라 야채로 먹거나 통조림을 만들기도 한다.

아페리티프 Apéritif
식사 전에 식욕을 돋우기 위해 마시는 술. 타르틴, 카나페, 견과류, 올리브 등의 간단한 안주를 곁들이기도 하다. 어원은 '열다' 라는 뜻의 라틴 어 동사로 식사를 하기 전에 식욕이나 소화를 '열기' 위해 마시는 달콤한 술이나 와인을 뜻한다. 물론, 실제로 식전의 술이 소화기능을 도와주진 못하지만 식사의 시작을 알리는 심리적인 기능을 한다.

안초비 Anchovy
생물이나 염장상태로 사거나, 통째로 혹은 살코기만 살 수도 있다. 기름을 넣고 통조림하거나 병에 넣은 제품도 쉽게 구할 수 있다. 고대에는 불린 안초비를 조미료로 사용하기도 했다. 오늘날에는 특히 유럽 남부지방 음식에 많이 사용된다. 피자 등의 토핑으로 쓰기도 하며, 가니시의 양념으로 넣기도 한다.

에멘탈 치즈 Emmental cheese
스위스 에멘탈 지방에서 나는 치즈로 흔히 스위스 치즈라고 부르기도 한다. 지름 1미터, 무게 100킬로그램의 원반형 경질치즈로 호두맛이 나고 중간 중간에 구멍이 나 있다. 숙성 기간은 10~12개월이며, 그뤼에르 치즈, 이탈리아의 폰티나 치즈 등이 에멘탈 치즈와 비슷한 맛을 낸다.

올리브유 Olive oil
올리브유는 건강에 매우 좋으며 암을 예방하는 효과가 있다고 알려져 있다. 최근에는 유럽뿐만 아니라 여러 나라에서 널리 사용하고 있다. 드레싱이나 샐러드에 뿌려 차게 먹는 것이 좋으며, 지나치게 열을 가하면 안 된다.

올리브유로 튀김을 하는 경우는 드물다. 보통 두 가지 종류를 구비하고 쓰는데, 일반적인 요리용과 다소 비싼 고급품을 구별해서 사용한다. 요리에 쓰면 올리브유 특유의 맛이 사라지므로 이런 때는 저렴한 것을 사용하고, 샐러드 등에는 과일향이 들어간 비싼 것을 사용한다.

마늘, 정향, 타임, 월계수잎, 흑후추 등을 담가 사용하기도 하는데, 이런 향이 가미된 올리브유는 샐러드에 매우 좋으며 생선이나 고기, 야채, 스튜, 파스타 등을 먹기 직전에 뿌려도 풍미가 좋다.

와인 맛보기

와인의 맛을 표현하는 단어는 추상적이다. 그 중 자주 사용되는 용어를 살펴보자.

보디body: 보디는 말 그대로 '몸'이라는 뜻으로, 와인의 보디란 와인의 몸 자체를 사람의 혀가 얼마나 육감적으로 느끼는가 하는 정도를 일컫는 표현이다. 무게가 다르지 않아도, 입 안을 채우는 중량감, 얼마나 꽉 찬 느낌을 주느냐에 따라 실제로 느끼는 밀도는 와인마다 제각각이다. 무게감, 즉 보디의 정도는 풀 보디full body, 미디엄 보디medium body, 라이트 보디light body로 표현된다. 풀 보디는 가장 무겁고 밀도가 촘촘한 느낌의 와인이라면, 라이트 보디는 매우 가볍고 경쾌한 느낌의 와인을 가리킨다. 미디엄 보디는 이 둘의 중간 느낌을 말한다. 보디는 촉감이나 맛과 관련된 문제가 아니라 입 안에서 얼마나 충만감을 느끼는가를 표현하는 단어라고 보면 된다.

드라이dry**와 스위트**sweet: 이 두 단어는 와인의 맛을 표현할 때 가장 많이 쓴다. 드라이하다는 표현은 단맛이 전혀 느껴지지 않는 상태를 의미한다. 와인은 대부분 신맛과 단맛이 조화를 이루는데, 화이트 와인은 씁쓸함이 없어 단맛과 신맛이 확연하게 드러나고 레드 와인은 특유의 씁쓸함과 단맛, 신맛이 얽혀 좀 더 복잡한 풍미를 지닌다. 스위트는 통상 단맛이 느껴지는 와인을 가리킨다.

화이트 와인은 신맛이 강할 때, 레드 와인은 신맛과 씁쓸함이 강할 때 드라이하다고 한다.

우스터 소스 Worcester sauce

우스터 소스는 19세기 인도에서 살았던 어느 영국 귀족이 개발했다. 맥아 식초, 설탕, 샬롯, 마늘, 타마린드, 정향, 안초비 에센스, 각종 향신료 등을 섞어 만든다. 톡 쏘는 맛이 있으며 스튜, 수프, 소, 드레싱, 토마토 소스, 타르타르 스테이크 등과 블러디 메리 같은 몇몇 칵테일을 만드는 데 쓰인다. 프랑스식 육회인 타르타르 스테이크를 양념할 때 사용하면 좋다.

월계수잎 Bay leaves

지중해 지역의 사철 푸른 나무. 살짝 쓴 맛이 돌며 조미료로 사용된다. 프랑스 요리에서 가장 흔히 쓰이는 조미료 중 하나다. 생으로 쓰거나 말려서 쓸 수도 있으며, 원래 모양 그대로 혹은 작게 잘라 사용한다. 스튜나 수프, 파테 등의 맛을 낼 때 쓰인다. 하지만 너무 많이 넣지는 말 것. 지나치게 많이 넣으면 독성을 띠는 수도 있다.

육수분 Stock cube

쇠고기나 닭고기, 야채 육수를 농축해서 큐브 형태로 만든 제품. 정량의 물에 떨어뜨려 육수를 만든 후 여러 가지 요리에 사용한다. 각

월계수잎

정향

종 소스를 만들 수도 있고 수프에도 쓰인다. 수입식품점에 가면 쉽게 구할 수 있다. 양파 수프, 야채 수프 등에 사용하며 구하기 어려울 때는 직접 육수를 만들어도 된다.

정향 Clove
정향나무의 꽃봉오리를 햇볕에 말린 것. 길이는 1센티미터로 크기가 작고 갈색에 톡 쏘는 매운 맛이 있다. 유럽에서는 4세기부터 약과 요리에 사용되었으며 오늘날에도 다양한 요리에 쓰이고 있다. 작은 절임오이나 피클, 식초 마리네이드에도 사용되며, 오래 끓이는 음식이나 큼직한 고기 또는 생선을 통째로 양념해서 뭉근한 불에서 찌는 음식 등에 양파와 같이 넣기도 한다.

제스트 Zest
색깔이 화려하고 향이 좋은 감귤류의 껍질을 일컫는 말. 본문에서는 껍질이라고 표기했다. 직접 만들어서 사용할 때는 우선 희고 신 맛이 나는 속껍질을 필러로 벗긴 다음 작게 썰면 된다. 커스터드, 케이크 페이스트리, 사탕절임 등의 향을 내는 데 쓴다. 설탕을 첨가해 사탕을 만들거나 식초로 피클을 만들 수도 있다. 프렌치 토스트, 크레프 등에 넣으면 좋다.

치즈 가루 Grated cheese
치즈를 가루 형태로 만든 것으로, 이 책의 음식에 사용하는 치즈 가루는 그뤼에르 혹은 에멘탈 치즈 가루가 적당하다.

카베르네 소비뇽 Cabernet-sauvignon
프랑스 보르도 지방에서 생산되는 포도의 한 품종. 쌉쌀한 맛이 일품인 레드 와인을 만든다. 특히 메독 지방에서 나오는 고급 와인들은 대부분 이 품종으로 만든다. 캘리포니아, 칠레의 와인생산자들도 거의 카베르네 소비뇽으로 와인을 만든다.

칼바도스 Calvados
프랑스 노르망디의 칼바도스 지방에서 많이 생산되는 사과로 만든 브랜디. 알코올 농도가 24도로 도수가 높고 향이 매우 좋다. 알코올 농도는 54도. 레마르크의 『개선문』의 주인공이 애용한 술로 그 이름이 알려져 있으며, 여러 가지 요리와 잘 어울려 프랑스 사람들이 즐기는 술 중 하나다. 와인이나 코냑 등 포도를 이용한 술이 대다수인 프랑스에서는 칼바도스 같은 사과 브랜디는 질이 낮은 술로 취급되기도 한다. 보통 브랜디보다 값이 싸고 마신 후에 다소 숙취가 있다고 전해진다.

케이퍼 Capers
케이퍼 관목의 꽃봉오리. 생케이퍼는 식초에 절여 피클을 만들거나 소금물에 절여서 보관한다. 로마 시대부터 생선요리에 쓰는 소스에 간을 할 때 널리 사용되었다. 쌀이나 송아지고기, 양고기, 미트볼, 피자 토핑 등에 사용되기도 한다.

코코뱅 Coq au vin
와인 소스 닭고기 스튜. 'Coq'는 닭을, 'vin'은 와인을 의미한다.

크레프 당텔 Crêpe dentelle
밀가루, 달걀, 녹인 버터, 소금, 우유, 물 등을 섞어 만든 크레프 반죽을 레이스처럼('dentelle'은 프랑스 어로 레이스를 뜻한다) 아주 얇게 부친 것을 말한다.

크레프 쉬제트 Crêpe suzette
얇게 부친 크레프를 4겹으로 접어 오렌지 시럽을 뿌린 것으로 매우 대중적인 디저트로 알려져 있다.

크루통 croûton
식빵을 가로세로 1센티미터 크기로 깍둑썰기 해서 기름에 튀기거나, 구워서 버터를 발라 1센티미터 크기로 깍둑썰기한 것. 주로 수프에 뿌려 섞어 먹거나, 샐러드 등에 섞기도 한다.

크림 Cream
우유의 지방을 응고한 것으로 상아빛을 띤다. 크림은 보통 30~40퍼센트 정도의 지방을 함유한다. 익히지 않은 크림, 혹은 저온살균처리 과정을 거친 크림은 '생'크림이라고 부른다(살균 과정 및 저온냉각과정을 거치지 않은 크림). 생크림에는 액체도 있고, 걸쭉한 것, 신맛이 나는 것 등 여러 종류가 있다. 휘핑크림은 생크림을 저어 거품이 일게 한 것으로 케이크 등에 장식을 하거나, 초콜릿 무스, 각종 크림 소스를 만들 때 사용한다. 냉각한 생크림을 조심스럽게 저어 거품이 일게 한 다음, 크림이 굳기 시작할 때 설탕과 향을 조금 넣으며 완성이다.

타르틴 Tartine
빵 위에 온갖 먹을거리를 올린 토스트를 타르틴이라고 한다. 주로 아페리티프에 곁들이는 안주나 간식으로 자주 먹는다.

타바스코 Tabasco
알콜을 발효시켜 만든 식초, 소금, 설탕, 각종 향신료를 섞은 것에 칠리를 절인 소스다. 작은 병으로 판매하고 있으며, 육류, 달걀, 강낭콩, 소스, 몇몇 칵테일 양념으로 쓰인다.

타임 Thyme
녹색과 회색빛이 섞인 작은 잎이 달린 향기로운 식물. 광대나물과에 속하며 백리향이라고 부르기도 한다. 여기서 추출한 기름은 방부제로도 쓰이며 향이 매우 좋다. 타임은 프랑스 요리의 기본 향신료 가운데 하나이며, 이것만 따로 사용할 수도 있고 다른 허브와 섞어서 사용하기도 한다. 또한 생으로도 말려서도 쓸 수 있다. 육류나 생선 등 다양한 요리에 사용하는데, 샐러드나 스크램블드 에그, 토마토 소스를 만들 때 재료로 들어가기도 한다. 허브티로 우려내도 좋다.

통후추 Peppercorn
후추의 종류에는 몇 가지가 있다. 흑후추는 열매가 붉은색일때 수확해서 그냥 말린 것으로 가장 향이 독하다. 녹색후추는 열매가 성숙하기 전에 수확한 것으로, 말리거나 피클로 만들어 판매하며 과일향이 있고 흑후추보다 덜 독하다. 흰후추는 열매가 완전히 성숙한 후 수확한 것이다. 향이 순하며 소스를 만들 때 적합하다. 회색후추는 흑후추와 흰후추를 섞은 것이다. 남아메리카에서 생산되는 분홍색후추는 향이 좋고 가볍게 톡 쏘는 맛이 있다. 이 후추는 장식용으로 좋다.
후추는 갈지 않은 것을 보관했다가 사용할 때마다 갈아 쓰는 것이 가장 좋다. 선사시대부터 후추는 세계에서 가장 인기있는 향신료였으며 짠음식에 널리 사용된다. 통후추는 마리네이드, 식초피클의 향을 내는 데 사용된다. 거칠게 간 후추는 그릴에 구운 육류, 샐러드, 다진 고기 등에 사용한다.

케이퍼

타임

트뤼프 Truffes
흑갈색의 송로 버섯. 바닷가 소나무 숲에서 자란다. 달팽이 요리인 에스카르고, 거위의 간으로 만든 푸아그라와 더불어 프랑스에서 가장 유명한 식재료 중 하나다.

파스티스 Pastis
프로방스 지방에서 생산되는 프랑스 술. 아페리티프로 즐겨 마신다. 스타아니스나 기타 향신료로 만드는데 도수가 상당히 높으므로 물을 섞거나 얼음으로 차게 해서 마신다. 홍합 요리나 소스 만들 때, 새우 및 생선 요리 등에 자주 쓰인다. 맛이 아주 독특하기 때문에 미리 맛을 보고 입맛에 맞는지 확인한 후 사용하는 것이 좋다. 다양한 브랜드가 나와 있지만 일반적인 명칭은 '파스티스', '아니세트'이며, 페르노와 리카르가 대표적인 브랜드다. 마늘과 함께 구운 새우와 홍합찜을 요리할 때 사용하면 독특한 풍미를 더한다.

파테 Pâté
고기나 생선, 간 등을 곱게 다진 것 혹은 다진 고기나 생선을 넣고 구운 파이를 뜻한다.

페넬 Fennel
지중해 연안에서 나며 특유의 건초향이 유명하다. 1.5~2미터 크기로 자라며 초여름에 노란색의 작은 꽃이 핀다. 열매에서는 달콤한 맛과 향기가 난다. 와인, 피클, 빵, 소스 등에 넣으면 향이 매우 좋으며, 생선의 비린내나 육류의 잡냄새를 없앨 때 사용하면 좋다. 여성에게 특히 좋으며 식욕을 돋우고, 스트레스 해소, 숙면 등에도 효과적이다.

포토푀 Pot au feu
솥을 벽난로 불에 올려놓고 오랜 시간 뭉근하게 끓여 육수를 우려낸 쇠고기 스튜. 프랑스어로 솥을 의미하는 'pot'와 불을 뜻하는 'feu'를 결합해 'pot au feu'(불 위의 솥)라는 이름이 나왔다.

포트 와인 Port wine
포르투갈에서 생산되는 유명한 와인. 알콜을 첨가해 발효를 중단시키는 특별한 제조 공정을 거친다. 발효를 언제 중단시키느냐, 이후 무엇을 섞느냐에 따라 당도가 달라진다. 좋은 해에 생산된 한 가지 포도로만 담근 것을 '빈티지 포트 와인'이라고 한다. 일찍 병에 담기 때문에 와인창고에서 15년 동안 보관할 수 있다. 기타 포트 와인은 희석해 참나무통에서 숙성시킨다. 보통 식후에 브랜디처럼 마시는데 도수가 낮은 포트와인은 아페리티프로 마셔도 좋다. 요리에 쓸 때는 특히 가금류나 햄 요리에 사용한다.

프리터 Fritter
밀가루에 달걀 노른자위, 우유, 물을 넣어 반죽한 것을 고기나 야채, 과일 등에 입혀 튀긴 음식.

피클 pickle
오이나 허브, 야채 등을 식초와 소금에 절인 것으로 대부분의 음식과 어울린다. 프랑스에서는 프렌치 게르킨, 코르니숑 등이 유명하다. 미국산 피클보다 단맛이 덜하고, 어린 오이를 절여 매우 아삭아삭하고 새콤하다. 타르타르 스테이크와 쇠고기 스튜, 포토푀와 잘 어울린다.

파스티스

피클(코르니숑)

책에 나오는 음식 한눈에 보기 *Recipe index 20*

양파 수프
Soupe à l'oignon

비스트로 전통의 대표적인 수프로서 간단한 요깃거리는 물론 숙취 해소에도 좋다. 양파와 닭고기 육수에서 우러나는 소박하고 깊은 맛이 일품이다.

재료(4인분)

양파 중간 것 15개, 올리브유 2수프스푼, 버터 30그램, 녹말가루 10그램, 닭 육수분 1개, 물 1리터, 검은 통후추 4그램, 소금 11그램

크루통

바게트 1개, 치즈 가루 100그램

비용 🍎 | 시간 🍎 | 난이도 🍎 | 62쪽을 보세요

전통식 야채 수프
Soupe de légumes paysanne

프랑스의 모든 가정에서 먹는 기본적인 수프. 요리방법이 간단해서 초보자도 쉽게 만들 수 있다.

재료(4인분)

당근 큰 것 1개, 셀러리 2대, 감자 큰 것 1개, 양파 작은 것 1개, 순무 1/2개, 대파 1대, 버터 20그램, 완두콩 150그램, 야채 육수분 1개, 물 1리터, 소금 10그램, 검은 통후추 빻은 것 약간

비용 🍎 | 시간 🍎🍎 | 난이도 🍎 | 68쪽을 보세요

마르세유식 생선 수프
Soupe de poisson marseillaise

매우 유명한 생선 수프로 부야베스의 원조 레시피다. 요리 과정은 다소 복잡하지만 영양이 풍부하고 건강에 좋다.

재료(6인분)

돛새치, 도미, 우럭, 쏨뱅이 각 1마리(생선 전체 무게는 800그램이 적당), 게 200그램짜리 3마리, 생선뼈 600그램, 올리브유 3수프스푼

가니시 ⋯▶ 양파 2개, 마늘 4쪽, 셀러리 1대, 야채 육수분 2개, 물 2리터, 토마토 페이스트 3수프스푼, 페넬 씨앗 5그램, 타임 1줄기 또는 말린 타임 1수프스푼, 로즈마리 1줄기 또는 말린 로즈마리 1수프스푼, 스타아니스 1개, 사프란 1그램, 파스티스 20밀리리터, 소금 12그램, 검은 후추 6그램

비용 🍎🍎 | 시간 🍎🍎🍎 | 난이도 🍎🍎 | 76쪽을 보세요

타르틴
Tartines

피망절임과 토마토 잼을 올린 토스트. 식사 전 아페리티프에 곁들이는 안주나 애피타이저로 그만이며 파티용 간식으로도 훌륭하다.

재료(4인분)

호밀빵 8조각, 베이컨 또는 말린 햄 8조각

토마토 잼 ⋯▶ 토마토 6개, 설탕 15그램, 토마토 페이스트 2티스푼, 소금 2그램

피망절임 ⋯▶ 홍피망 1개, 노란 파프리카 1개, 올리브유 20밀리리터, 마늘 1/2쪽, 타임 1줄기 또는 말린 타임 1수프스푼, 월계수잎 2장, 검은 통후추 2그램, 소금 3그램

비용 🍎🍎🍎 | 시간 🍎🍎 | 난이도 🍎 | 84쪽을 보세요

Recipe index 20

리옹식 감자와 소시지 샐러드
Salade lyonnaise

반찬이나 피크닉 도시락으로 좋은 샐러드. 감자와 소시지 외에도 좋아하는 재료를 자유로이 섞을 수 있다.

재료(4인분)

드레싱… 옥수수유 50밀리리터, 화이트 와인 식초 10밀리리터, 디종 머스터드 12그램, 소금 4그램, 후추 2그램

샐러드… 감자 큰 것 3개, 마늘 1쪽, 파슬리 3송이, 양파 2개, 큰 소시지 4개, 물 2리터, 호두 15그램, 월계수잎 1장, 타임 1줄기 또는 말린 타임 1수프스푼, 소금 10그램, 검정 통후추 3그램

비용 🍎 | 시간 🍎 | 난이도 🍎 | 90쪽을 보세요

치즈와 시금치를 곁들인 달걀
Oeufs capucine

조리 방법이 약간 까다롭지만, 늦게 일어난 휴일 가족의 브런치로 적당하다. 신선한 시금치와 달걀이 생기를 불어넣어줄 것이다.

재료(4인분)

달걀 8개, 물 1리터, 레드 와인 식초 10밀리리터, 시금치 250그램, 크림 100밀리리터, 흰 버섯 150그램, 마늘 2쪽, 버터 30그램, 치즈 가루 100그램, 소금 4그램, 후추 2그램

비용 🍎 | 시간 🍎 | 난이도 🍎🍎 | 98쪽을 보세요

쇠고기 스튜, 포토푀
Pot au feu

쇠고기와 야채를 오랜 시간 한데 끓인 것으로, 육수의 깊은 맛이 그만이다. 겨울에 온 가족이 둘러앉아 먹기에 좋은 스튜.

재료(6인분)

우둔살 600그램, 사태 500그램, 쇠꼬리 400그램, 물 3리터, 양파 중간 크기 1개, 당근 큰 것 1개, 토마토 중간 크기 3개, 마늘 2쪽, 정향 4개, 순무 큰 것 1/3개, 셀러리 4대, 검정 통후추 4그램, 소금 15그램, 월계수잎 2장, 파슬리 3송이

비용 🍎🍎 | 시간 🍎🍎 | 난이도 🍎🍎 | 108쪽을 보세요

프랑스식 육회, 타르타르 스테이크
Steak tartare

다진 쇠고기를 양념해서 감자 그라탕과 함께 먹는다. 몽고에서 전해진 음식으로 그 맛이 각별하다.

재료(4인분)

타르타르 스테이크… 쇠고기 우둔살·양지·설도(무릎 관절살) 각각 200그램, 프렌치 피클 50그램, 다진 파슬리 1.5수프스푼, 우스터 소스 1티스푼, 소금 8그램, 후추 4그램, 양파 1/3개, 케첩 30그램, 마요네즈 50그램, 타바스코 소스 3방울, 케이퍼 1.5수프스푼

감자 그라탕… 감자 큰 것 6.5개, 우유 0.5리터, 다진 마늘 1수프스푼, 휘핑크림 0.5리터, 너트멕 1그램, 후추와 소금 약간

비용 🍎🍎🍎 | 시간 🍎🍎 | 난이도 🍎🍎 | 114쪽을 보세요

통후추 소스 등심 스테이크
Entrecôte au poivre

비스트로의 대표적인 스테이크 메뉴. 쇠고기를 좋아하는 사람이라면 누구든지 맛있게 먹을 수 있다. 삶은 당근, 감자, 완두콩과 함께 내놓는다.

재료 (4인분)

쇠고기 등심 200그램짜리 4장

소스… 검정 통후추 빻은 것 11그램, 액상크림 60밀리리터, 레드 와인 250밀리리터, 포트 와인 20밀리리터, 쇠고기 육수분 1개, 야채 육수분 1개, 물 2리터, 버터 15그램, 양파 중간 크기 1/2개, 타임 1줄기

가니시… 감자 3개, 완두콩 200그램, 물 2리터, 당근 2개, 버터 10그램, 파슬리 2송이, 소금(완두콩에 15그램, 당근에 2그램), 설탕(당근에 2그램), 후추 2그램, 옥수수유

비용 🍎🍎🍎 | 시간 🍎🍎 | 난이도 🍎 | 122쪽을 보세요

바스크식 닭고기 스튜
Poulet basquaise

프랑스 남서부에 위치한 바스크 지방의 닭고기 스튜로 한국인의 입맛에도 잘 맞는다. 쌀이나 감자를 곁들여 먹으며, 차게 먹어도 좋다.

재료(4인분)

생닭 1.5킬로그램짜리 1마리, 서양호박 1개, 토마토 중간 크기 10개, 가지 1개, 피망 3개, 홍피망 3개, 타임 2줄기, 로즈마리 1줄기, 양파 3개, 올리브유 5수프스푼, 소금 8그램, 스위트 그린 칠리 6개, 토마토 주스 250밀리리터, 토마토 페이스트 1티스푼, 다진 마늘 1수프스푼, 검정 통후추 빻은 것 3그램

비용 🍎🍎🍎 | 시간 🍎🍎🍎 | 난이도 🍎🍎 | 130쪽을 보세요

오렌지맛 오리 구이
Canard à l'orange

오렌지즙을 발라 구운 오리고기. 매우 세련된 요리로, 포테이토칩을 곁들여 먹는다.

재료(4인분)

오리 가슴살 4조각, 오렌지 5개, 샬롯 2개, 육수분 3개, 물 1리터, 발사믹 식초 20밀리리터, 설탕 20그램, 옥수수유 2수프스푼, 버터 20그램

포테이토칩… 감자 큰 것 2.5개, 옥수수유 1리터, 소금 1티스푼

비용 🍎🍎🍎 | 시간 🍎🍎🍎 | 난이도 🍎🍎 | 136쪽을 보세요

와인 소스 닭고기 스튜
Coq au vin

프랑스의 가장 유명한 닭고기 스튜 중 하나로 조리 시간이 오래 걸리지만 방법은 간단하다. 긴긴 겨울밤 영양보충에 좋다.

재료(4인분)

생닭 2.5킬로그램짜리 1마리, 레드 와인 750밀리리터짜리 2병, 당근 2개, 마늘 14쪽, 양파 작은 것 3개, 감자 큰 것 3개, 월계수잎 2장, 타임 3줄기, 로즈마리 1줄기, 검정 통후추 빻은 것 6그램, 토마토 페이스트 20그램, 밀가루 30그램, 닭고기 육수 150밀리리터, 버섯 300그램, 베이컨 200그램, 파슬리 4송이, 옥수수유 2수프스푼, 소금

비용 🍎🍎 | 시간 🍎🍎 | 난이도 🍎🍎 | 142쪽을 보세요

Recipe index 20

사과 크림 소스 돼지갈비
Porc vallée d'Auge

사과와 크림을 곁들인 돼지갈비 구이. 프랑스 북부 노르망디 지방에서 즐기는 요리로 주로 설탕에 조린 사과와 함께 내지만 삶은 감자를 곁들이기도 있다.

재료(4인분)

돼지갈비 1킬로그램, 흰 버섯 200그램, 양파 2개, 사과 4개, 물 1.2리터, 닭고기 육수분 1개, 감자 큰 것 6.5개, 휘핑크림 200밀리리터, 버터 20그램, 소금 10그램, 흰 후추 4그램, 옥수수유 1수프스푼, 녹말가루 1수프스푼, 사과술 100밀리리터(임의대로)

비용  | 시간 🍎🍎 | 난이도 🍎🍎 | 152쪽을 보세요

버터 소스 가자미 구이
Sole au beurre blanc

수많은 레스토랑에서 볼 수 있는 대표적인 생선 요리로 생선의 종류나 소스를 입맛에 맞게 바꿀 수 있다.

재료(4인분)

가자미나 넙치 250~300그램짜리 4마리, 버터 160그램, 휘핑크림 200밀리리터, 화이트 와인 250밀리리터, 레몬 2개, 양파 2개, 밀가루 30그램, 소금 11그램, 감자 큰 것 5개, 마늘 4쪽, 월계수잎 1장, 타임 2줄기, 옥수수유 2수프스푼

비용  | 시간 🍎🍎 | 난이도 🍎🍎 | 158쪽을 보세요

홍합찜과 프렌치 프라이
Moules-frites

화이트 와인과 크림 소스로 조린 홍합과 프렌치 프라이. 프랑스 북동부의 릴 지방과 벨기에에서 매우 대중적인 음식으로 만들기 쉽고 저렴하다.

재료(4인분)

홍합찜… 홍합 1.5 킬로그램, 양파 작은 것 1개, 화이트 와인 150밀리리터, 크림 100밀리리터, 타임 2줄기, 월계수잎 1장, 토마토 1개

레몬 설탕조림… 레몬 2개, 설탕 100그램, 물 0.5리터

프렌치 프라이… 감자 큰 것 10개, 옥수수유 1.4리터, 소금 4그램

비용 🍎 | 시간 🍎 | 난이도 🍎 | 164쪽을 보세요

마늘과 함께 구운 새우
Crevettes sautées à l'ail

프로방스의 대표적 요리 중 하나로 한 끼 식사로 좋다. 가니시로 곁들이는 속을 채운 홍피망찜을 만드는 방법을 알아두면 요긴하게 활용할 수 있을 것이다.

재료(4인분)

참새우 1킬로그램(20~30마리), 마늘 8쪽, 토마토 3개, 레몬 2개, 올리브 20개, 쪽파 1대, 버터 40그램, 케이퍼 1수프스푼, 올리브유 1.5수프스푼

홍피망찜… 홍피망 4개, 쌀 350그램, 양파 1개, 안초비 2마리, 가지 2개, 파슬리 3송이, 소금 3그램, 올리브유 1수프스푼

비용 🍎🍎 | 시간 🍎🍎 | 난이도 🍎🍎 | 172쪽을 보세요

프렌치 토스트
Pain perdu

냉장고에 아무것도 없는데 갑자기 아이들이 배고픈 친구들을 데리고 집에 들이닥쳤을 때 급히 해줄 수 있는 훌륭한 디저트.

재료(4인분)

브리오슈 혹은 부드러운 식빵 1덩어리, 달걀 3개, 오렌지 1개, 레몬 1개, 휘핑크림 200밀리리터, 설탕 160그램, 버터 25그램

비용 🍎 | 시간 🍎 | 난이도 🍎 | 182쪽을 보세요

초콜릿 무스
Mousse au chocolat

대표적인 프랑스의 디저트로 만들기가 다소 까다롭다. 하지만 초콜릿을 좋아하는 사람에게는 최고의 디저트가 될 것이다.

재료(4인분)

디저트용 다크 초콜릿 320그램, 달걀 5개, 버터 50그램, 설탕 75그램, 휘핑크림 50밀리리터, 소금 0.5그램

비용 🍎🍎 | 시간 🍎🍎 | 난이도 🍎🍎 | 188쪽을 보세요

우유 쌀 푸딩
Riz au lait

우유와 쌀이 부드럽게 어우러진 맛이 일품이다. 프랑스뿐만 아니라 한국 사람의 입맛에도 잘 맞는 디저트.

재료(4인분)

한국쌀 200그램, 우유 700밀리리터, 설탕 65그램, 휘핑크림 600밀리리터, 오렌지 2개, 달걀 노른자위 5개, 설탕에 조린 과일 50그램, 로즈워터 2티스푼(임의대로)

비용 🍎 | 시간 🍎 | 난이도 🍎 | 194쪽을 보세요

크레프
Crêpes

유명한 프랑스식 팬케이크로, 다양하게 조리할 수 있고 어떤 자리에나 잘 어울리니 꼭 배워둘 것을 권한다. 디저트나 간식으로 적당하지만, 파티 음식으로도 훌륭하다.

재료(4인분)

크레프…▶ 밀가루 400그램, 달걀 9개, 우유 1리터, 설탕 160그램, 오렌지 1개, 레몬 1개, 버터 100그램, 옥수수유
과일조림…▶ 배 2개, 레몬 1개, 설탕 120그램, 버터 30그램
초콜릿 소스…▶ 초콜릿(코코아 함유량 50퍼센트) 100그램, 버터 20그램, 휘핑크림 100밀리리터

비용 🍎🍎 | 시간 🍎🍎 | 난이도 🍎🍎 | 202쪽을 보세요

프랑스 지도

자주 등장하는 지명은 찾아보기 편하도록 크게 표시해놓았으니,
책을 읽기 전에 위치를 알아두면 도움이 될 것이다.